日本を豊かに、強く。

日本保守党

百田尚樹
有本香

飛鳥新社

結党宣言

日本ほど素晴らしい国はないと私は断言します。

神話とともに成立し、以来およそ二千年、万世一系の天皇を中心に、一つの国として続いた例は世界のどこにもありません。これ自体が奇跡といえるでしょう。

日本列島は豊かな自然に恵まれていますが、反面、世界有数の地震国であり、台風や河川の氾濫《はんらん》、豪雪など、つねに厳しい災害に見舞われてきました。そのなかで日本人は互いに助け合う知恵を育《はぐく》み、和して穏やかに暮らしてきました。

古代の漢籍に「日本人は盗みをしない。争いは少ない」と記されています。幕末から明治にかけて日本を訪れた欧米人らも一様に、日本人の誠実、勤勉、善良さを特筆しています。

同時に私たちの先人は、痛手を受けても立ち直る逞《たくま》しさをも培《つちか》いました。

国難のとき、先人は勇敢に戦って国を守ってきました。刀伊《とい》の入寇《にゅうこう》、元寇《げんこう》、幕末も然《しか》りです。十九世紀半ばには、列強によって鎖国の扉をこじ開けられ、欧米の植民地争奪戦のジャングルに引きずり出されはしたものの、有色人種のなかで唯一、日本だけが独立を守ったばかりか、瞬《また》く間に列強と肩を並べる強国となりました。

ところが、第二次世界大戦により、日本は木っ端微塵《こっぱみじん》となりました。三百万余の尊い命が失われ、世界最貧国の一つにまで落ちぶれました。しかしそこから世界が驚倒するほどの復興を見せたのです。世界第二の経済大国へと成長し、戦後の日本は世界の平和に貢献し、多くの途上国を援助してきました。

これが、私たちの国、日本です。

その日本の海が、山野が、いま脅《おびや》かされようとしています。

他国に攫《さら》われた同胞は、何十年も祖国の地を踏むことができません。野放図《のほうず》な移民政策やLGBT理解増進法にみられる祖国への無理解によって、日本の文化や国柄《くにがら》、ナショナル・アイデンティティが内側から壊されかかっています。

これらを座視《ざし》していてはなりません。

断固として日本を守る――。そのための新たな政治勢力が必要です。

三十年間、国民の賃金は上がらないまま負担だけが増え、若い人たちが将来に希望を見い出せないでいます。早急に経済を確かな成長軌道に乗せていく必要があります。

結成したばかりの私たちの党は、巨象のような与党の前では「蟷螂《とうろう》の斧《おの》」のごとき小さな存在でしかありません。しかし、「日本を守る」という堅い意志を持つ国民が一人、また一人と集《つど》えば、必ずや大きな力になると信じています。
私の残りの人生を、この党とともに歩むことをお誓いします。
「日本を豊かに、強く」。皆さん、これを合言葉に、ともに歩んでいきましょう。

令和五年十月吉日

百田　尚樹

まえがき

読者の皆さんがこの本を手に取ってくださる時点で、もしかしたら私はこの世にいないかもしれません。

というのは、二〇二三年の年の瀬、十二月二十七日に、私はガン宣告を受けたからです。ガンの場所は腎臓で、二カ所あります。年明けの一月十一日に、一回目の手術、その結果を見て、後日に二回目の手術となります。

ちょっと変わった手術なのですが、担当の医師は、「手術が上手くいけば完治します」とおっしゃいました。

私が、

「手術の失敗で死ぬことはありますか」

と尋ねると、医師は、

「私自身は一例もありませんが、文献的には死亡例もあります」

とのことでした。

もし手術に失敗したら、今書いているこの文章が私の絶筆ということになります。と、いきなり読者の皆さんをドキッとさせましたが、なに、昔から「憎まれっ子、世に憚《はばか》る」の言葉もあるように、百田尚樹がガンくらいでくたばってたまるものですか。なぜなら私にはやることが山ほどあるからです。

その一番の仕事は、日本の政治のガンを根絶することです。私のガンよりもこっちのほうがよほどタチが悪い。言うなればステージ4です。

日本の政治は戦後七十八年間に、すっかりダメになってしまいました。そもそものガンは反日野党でしたが、長い平和ボケが続いた末に、いつしかガンは自民党にも転移し、今では党の隅々までガン細胞に冒《おか》されている始末です。二〇二三年の終わり、自民党議員の裏金作りが明らかになったのを見てもわかるように、もはや少々の抗ガン剤では手の施《ほどこ》しようもない状態になっていると言えます。

しかしそんな末期的症状でも完治させることは不可能ではありません。それを治す力があるのは医者ではなく国民です。いや、国民の力をもってしか治すことはできないのです。

国民の多くが真剣に投票所に足を運び、「売国奴《ばいこくど》的な政治家」「利権を追い求める政治家」「家業を守るためだけの世襲政治家」などに「NO!」を突きつけ、「真に国を思う政治家」を選ぶことで、この国は少しずつ、しかし確実に良くなります。

私と有本香さんが日本保守党を立ち上げたのは、まさにそのためです。今ここで、私は読者の皆さんにお約束します。必ず元気になって復帰し、生まれたばかりの日本保守党を立派な政党に育て上げ、日本のために頑張ります。

令和六年一月九日　ガンの手術を三日後に控えて

百田　尚樹

※日本の政治をガンに喩《たと》えたことで、実際にガンと戦っておられる方やご家族を不快な思いにさせたかもしれません。しかし決して悪意はありません。そしてガンは治らない病気ではありません。しっかりと病気に向き合い、正しい治療法を用いれば完治も不可能ではないのです。その意味で、日本の政治をガンに喩えました。

日本保守党 ● 目次

第一章

日本保守党設立宣言

百田尚樹
有本香

真の保守新党

百田　二〇二三年六月十六日は「日本の終わりのはじまり」と後世の歴史家に記されるでしょう。百年に一度の大悪法、ＬＧＢＴ理解増進法（以下、ＬＧＢＴ法案）が参議院で可決・成立しました。日本を根底から破壊するこの天下の悪法を強引に押し通す自民党の姿を見て、私は堪忍袋《かんにんぶくろ》の緒《お》が切れました。もはや自民党に自浄能力はありません。私は、真の保守新党を立ち上げることを決意しました。

長い間、私は自民党を消極的ながら支持してきました。それは、他に支持する政党がなかったからです。ところが、二〇二二年、安倍晋三元総理が非業《ひごう》の死を遂げられて以降、自民党はまさに音を立てて崩れていきました。実は、自民党はもともと保守政党などではなかったのです。そのことが次々と露呈していきました。

有本　私は月刊『Hanada』二〇二三年四月号のコラムで「安倍晋三なき自民党はどこへ行くのか」と書いたのですが（第十章に収録）、まさかこういう方向とは思いもしませんでした。百田さんと同じように強い憤《いきどお》りを覚えました。

百田　これまでは安倍晋三という稀有《けう》な政治家がいたからこそ、自民党の緩んでいる箍《たが》を締め上げることができていた。しかし、安倍さんという大きな箍が外れ、リベラルという自民党の本性が剝《む》き出しになりました。安倍さんがやろうとしていたことをことごとく反故《ほ ご》にし、安倍さんが守ろうとしてきたことをことごとく潰《つぶ》し、安倍さんがこれだけはやるべきではないと考えていたことまで、逆に推し進めた。

しかも、安倍さんを支え、慕《した》ってきた「安倍派」「安倍シンパ」の人たちの多くが安倍さんを裏切り、平気で嘘をつき、日本を破壊する無茶苦茶なことを平然とやり始めた。皆、安倍さんがいた頃は、「安倍さんのためなら火の中、水の中」「安倍さん命」といったポーズをとっていた。そうしたこと全てが嘘でした。おぞましいとしか言いようがありません。

有本　党内の異論反論を封殺したLGBT法案の手続きに関して、私が聞いた範囲でも多くの議員が「こんなことは過去に例がない」と証言しています。日本を取り巻く安全保障環境がより一層厳しさを増すなか、スパイ防止法やセキュリティ・クリアランスは「党内でも慎重論」「しっかり議論を」などと、なんだかんだ言い訳をして置き去りにしておきながら、過去に例のないやり方で強引に通したのが、日本に混乱と分断を招くこのLGBT法案です。あまりにも酷《ひど》い。

百田　この法案は国民の同意はおろか、自民党内部の同意すら得られていないのです。衆議院に法案を提出する以前、自民党の部会で反対が多数だったにもかかわらず、それを古屋圭司氏や新藤義孝氏、稲田朋美氏ら執行部が強引に押し通した。彼らは万死《ばんし》に値《あたい》します。

有本　一貫して「俺たちは政治のプロなんだ、素人《しろうと》は黙っていろ」と言わんばかりの傲慢《ごうまん》な姿勢で、党内の反対、慎重論さえも封じて無理やり国会に持っていった。ところが、国民から総ツッコミを浴びて、わずか一日たらずで日本維新の会と国民民主党の修正案に抱きついた。お粗末の極み。大与党として恥ずべきことです。

百田　しかも、古屋圭司氏などはあるネット番組で「この法案は八年も前から議論を続けてきたものなんだ」などと誇らしげに語っていました。八年もかけて作ったとしたらさぞ完璧な法案だと思うのが普通ですが、批判された途端、野党案に「そっちのほうがええですわ。それに乗りますわ」と。呆れ果てます。

有本　「これは安倍さんも賛成していた。自民党の選挙公約にも載っているんだ」と賛成派は言いますが、決して騙されてはなりません。たしかに、二〇一六年に自民党で「性的指向・性自認に関する特命委員会」が作られました。その当時、安倍さんは総理総裁ですから、もし安倍さんが「そんなのはいらない」と言えば作らない。つまり、安倍さんも問題に取り組もうという意識を持っていたことは事実です。選挙公約にも一例をあげれば、「性的指向・性自認（LGBT）に関する広く正しい理解の増進を目的とした議員立法の速やかな制定を実現する」（二〇一六年参院選公約）と書かれています。

ただ、数多くある選挙公約のうちの一つに過ぎず、安倍さんも「理解増進を広く国民に呼びかける」ぐらいの議員立法には賛成だったんです。ですから、二〇一六年に自民党を含む超党派の「ＬＧＢＴに関する課題を考える議員連盟」が法案をまとめたけれど、五年間は棚上げ状態だった。

百田　法案を精査した安倍さんは当時から、「これが通ったら教育現場に大変な混乱が起きる。皇統にも悪影響を与える」と危惧《きぐ》していたと証言する人たちが大勢います。

有本　そうですね。ところが、安倍さんが総理を退任された一年後、自民党のなかで、東京オリンピック・パラリンピックを前に「五輪開催国としてこれをやらないと世界に対して恥ずかしい」と法案提出の機運が急に高まり出しました。

超党派の議員連盟でＬＧＢＴ法案が修正合意されたのですが、ＬＧＢＴ特命委員会委員長を務めていた稲田氏が立憲民主党ら野党の主張を取り入れた。「性同一性」を「性自認」に書き換え、「差別は許されない」と書かれた案をほぼ丸呑みして自民党に持って帰ってきたわけです。稲田氏に言わせれば、「古屋氏も新藤氏もこれを支持していた」ということなのですが。野党案丸呑み状態ですから、自民党の総務会では怒号が飛び交《か》うほど紛糾。もちろん安倍さんも大反対だった。

で、結局、総務会でこれは潰れました。ちょうど五月下旬でしたが、たまたま別件で安倍総理のもとを訪ねたんです。私が席に座ると同時に、安倍さんが珍しく興奮気味に話し始めたんです。「稲田朋美がね、さっきここに来て泣いて自分をなじったんだよ」と。私が「なんの件ですか」と訊くと、「ＬＧＢＴ」と。

この会話の内容は先述の第十章に再掲したコラムに詳述しましたからそちらを参照していただきたいのですが、終始その話で、本来の案件をほとんど話せないままでした。そして部屋をあとにする時、私と入れ替わりに入ってこられたのが高鳥修一《たかとりしゅういち》衆議院議員でした。その日、高鳥議員もまた安倍総理から、同じ話を聞かされたと証言しています。

つまり、安倍総理も「性自認」と「差別はダメ」という文言《もんごん》がセットで出てきた時、この法案に対して明確にダメだとおっしゃっていたのです。

百田　その安倍さんが、さも今回の法案にも賛成していたかのように自民党の推進派の連中は言っている。非常に詐欺的でとんでもない大嘘です。

自民党がこのＬＧＢＴ法案の本質を隠していたこともあって、法案が提出された時点でも、大多数の国民が、それがどんなに大きな問題を孕《はら》んでいるかに気づいていませんでした。多くの人々は「え？　よくわからないけど差別をなくす法案なんでしょ。それならいいんじゃない」という程度の認識でした。これがものすごく恐ろしい。

実際、法案には、意味が不明、あるいは定義が曖昧《あいまい》な文章や文言が非常に多い。たとえば、性自認の表現を与党案の「性同一性」から「ジェンダー・アイデンティティ」に変更したのが法案の中心概念とされていますが、この「ジェンダー・アイデンティティ」という言葉の意味が全くわからない。私は六十七年間生きてきてこの言葉を初めて聞きました。いったいどのように訳すべきなのか、定義は決められているのか、国民の多くがこの言葉の意味を理解できているとは到底思えません。辞書にも『現代用語の基礎知識』にも載っていない新語を日本の法律の中心概念に据《す》えている。そんな法律を党内で反対が多数だったにもかかわらず平然と通している。異常ですよ！

有本　自民党議員は、地元の方々から「この言葉の意味は何ですか」と問われたらどう説明するのか。「海外でも使われていますぅ」という程度で、おそらく説明できる議員はいないでしょう。

「絶対に起きないこと」が起きている

百田　私は小説家ですから、この法律が通ったあとに、どのようなことが社会で巻き起こるかを想像します。

たとえば、自称トランスジェンダー女性が女子トイレや女性用浴場、女性更衣室に次々と入るようになるでしょう。法案の賛成者は、「そんなのはデマだ。これまでと変わらず、現行法で捕まえられる」と主張します。稲田氏は「『心が女性で体が男性の人が女湯に入ってくることはない』と厚労省も言っています。なので心配されている方はご安心ください」などと自身のXやYouTubeで断言していました。

これに対して、「本当にそうか」と当初から私は疑問を呈してきました。

すると法制定後の二〇二三年十一月十三日、三重県桑名《くわな》市の複合温泉施設の女湯に侵入したとして、建造物侵入の疑いで無職の男(四十三)が現行犯逮捕される事件が発生しました。男は「心は女性なのに、なぜ女子風呂に入ってはいけないのか理解できない」と供述しているといいます。この事件に関して、「そんなことは起きない」と断言していた稲田氏は、夕刊フジを通じての有本さんらの質問に対して、こう答えていますね。

「事案の詳細を承知しませんが、理解増進法とは関係ないようです。公衆浴場や温泉施設の利用に関して厚労省が管理要領を定めており、男女の判断基準は身体的特徴によるものとすることになっています。これは理解増進法が制定される前後で全く変更はありません、法制定前も後も犯罪であるということをX上などで繰り返し申し上げてきました。いずれにせよ犯罪行為に対して、引き続き厳正に対応していくことは当然です」(夕刊フジ二〇二三年十一月十七日)

実に無責任極まりない回答で、どれだけ愚かなのかと強い憤りを覚えます。ＬＧＢＴ法がこのような自称トランスジェンダー女性の犯罪を助長し、司直《しちょく》も逮捕や起訴に及び腰になる可能性が高い。そうした問題になぜ考えが及ばないのか不思議でなりません。

有本　稲田氏の回答文ですが、まず「事案を承知しない」ならば、あの法律が関係あるかどうかもわからないはずです。冒頭のこの一文からして誠意をもって答えていないことが一目瞭然です。

百田さんがネット番組等で何度も訴えておられたとおり、今回のような事案は立法の時点から懸念されていたことです。そうした予測もできずに立法したのなら、立法を任せるにふさわしい人といえるのかさえ疑問だと言わざるを得ない。稲田氏は法律家（弁護士）でもありますから、問題から逃げてはならないと思います。

この事件でもう一つ、極めてたちの悪い反応がありました。一部の熱心過ぎる自民党支持者です。「逮捕されたんだから問題ないじゃないか」と強弁したのです。いや、逮捕された変態のおっさんに裸を見られた女性たちの心の傷はどうでもいいのか、という話です。犯罪を誘発しかねない危険な法律を、あなた方の大好きな自民党がゴリ押ししたことを、支持者こそ真面目に捉《とら》えて批判してほしい。しかし、さらに酷い人たちは、「逮捕後に『心は女』と供述すればいいと、犯罪者予備軍にヒントを与えたのは、百田氏らＬＧＢＴ法反対派のほうじゃないか」とまで言っている。もう話になりません。

百田　二〇二三年六月十日にも、三重県の津市で五十四歳の男が女装して女湯に侵入したとして、同じく建造物侵入の疑いで現行犯逮捕される事件が起きています。ＬＧＢＴ法案成立直前に起きたこの事件に関して、法案が成立したあとでも同様に対処できるかどうか、私は日本保守党の顧問弁護士になられた北村晴男先生に直接尋ねました。すると北村弁護士は、「おそらく警察官は逮捕に躊躇《ちゅうちょ》するのではないか」との見解を示されました。

有本　「私は女だ。これは不当逮捕だ。差別だ」と言われる可能性がありますからね。

百田　そうです。捕まったこの男は、「私は女だ」と容疑を否認しています。北村弁護士は、不当逮捕で逆に警察官が譴責《けんせき》をくらう可能性がある、との見方を示しています。さらに、それでも逮捕して書類送検で検察に送致した場合、今度は検察官も起訴するかどうかで迷うだろう、と。

検察官も法律のプロです。今回のＬＧＢＴ法に照らし合わせて、起訴して有罪にもっていけるかどうか、むしろ負ける可能性もある、と北村弁護士は指摘します。

有本　日本の刑事裁判の有罪率は九九・九パーセントと非常に高いわけですが、これは確実に有罪を勝ち取れる案件しか起訴しないからですよね。もし起訴して検察が負けたら、その担当者はキャリアに大きな傷がつく。負ける可能性がわずかでもあれば起訴しないことが多い。

百田　それでも、肝《きも》の据わった検察官が起訴したとしましょう。次に裁判になった時、はたして裁判官が有罪判決を下すかどうか、これもあやしい。このような事例の裁判がいまよりも多くなることは確実で、そのなかで一例でも「不当逮捕である」という判決が下った場合、その判例が大きな力を与えることになります。

有本　最高裁が下した判決であればなお重いですね。

百田　現に、二〇二三年七月十一日、最高裁判所が、経済産業省に勤めるトランスジェンダー女性の職員が、職場の女性用トイレの使用を制限されているのは不当だとして国を訴えた裁判で、トイレの使用制限を認めた国の対応は違法だとする判決を言い渡しました。

いわば、トランスジェンダー女性を自称すれば、その人物は女子トイレでも女性更衣室でも自由に入れるという絶対的なお墨付きを、司法が与えたことになります。「そんなことはあり得ない」と言い切っていた人たちはどう責任をとるのか。

有本　同年十月十一日には静岡家裁浜松支部が「戸籍上の性別を変更するには生殖能力をなくす手術を受ける必要がある」とする性同一性障害特例法を憲法違反として、性転換手術なしの性別変更を認めました。関口剛弘《たけひろ》裁判長は六月に施行されたＬＧＢＴ法案にも言及し「特例法の施行時と比べ、配慮の必要性は相当小さくなってきている」と判決理由を述べています。そして、十月二十五日に最高裁大法廷で行われた審理において、戸倉三郎裁判長をはじめ十五人の裁判官全員が、生殖機能をなくす手術を求める規定は「違憲」と判断しました。全員一致という状況に寒気がしましたが、ＬＧＢＴ法案がなければこのような判決には至らなかった可能性が高いと指摘する専門家もいます。

百田　ＬＧＢＴ法案ができたことによる負の影響が出ていることは明らかです。我々が当初から危惧していたとおり、これが「蟻《あり》の一穴《いっけつ》」になっていく。

さらに今後、女性浴場や更衣室などから排除されたトランスジェンダー女性が、ホテルや旅館、温泉施設の経営者に対して、「精神的な苦痛を受けた」などと損害賠償請求訴訟を起こす可能性も出てくるでしょう。これまた施設側が負けて賠償を命じられる可能性もあり得るわけです。もしそのような判決が一つでも出たら、施設側は今後、自称トランスジェンダー女性らを排除できなくなってしまう。裁判を起こされたら弁護士費用もかかり、まして敗訴して賠償を命じられたら経営的にも大きな痛手になるからです。実際にアメリカではそうした訴訟がいくつもあり、そのような人物を排除した施設側に対して、多額の賠償金を支払えという判決が出ています。おそらく今後、日本でもそういった判決が出る可能性があります。そうなれば、もう施設側は恐ろしくて適切な対応をとれなくなるでしょう。

有本　先ほども少し話に出ましたが、ＬＧＢＴ法案を推し進めた議員の大半が、稲田氏と同様に「公衆浴場法があるから防げる」「公衆浴場における衛生等管理要領では浴場と脱衣所は男女を区別することになっています」の一点張りです。非常識にも程があります。ＬＧＢＴ法案を錦《にしき》の御旗《みはた》に、「不当な差別だ」と主張する口実に使われてしまうことは目に見えているのに。しかしこの欺瞞《ぎまん》に気づく国民が増えてきています。それがせめてもの救いですが、賛成した国会議員は一体何を考えているのか。

「理解増進」の実態

百田　それと差別の定義もなされていませんから、この法律によってまだまだとめどなく拡大解釈される余地があります。しかも、本当にトランスジェンダーなのかは誰にも見極められないんです。これはどう見ても男だという人物でも、「私は女だ」と本人が言い張れば誰も否定、判定できない。そうなると、女湯や女性更衣室に入りたいという偽物のトランスジェンダー女性を防ぐことはできないのです。そのなかには、本物の変質者や悪ふざけの愉快犯もいるでしょう。トランスジェンダー女性とは何なのかという定義が全くない状態で法律を押し通せば、社会に混乱を招くことは容易に想像が付きます。今後、女性や児童、特に女児の安全が担保されない社会になる危険性が非常に高い。

もちろん、変質者や悪質な愉快犯は社会の一部にすぎません。しかしながら、社会は一パーセントの不届き者が現れたことでも徐々に崩壊していく。「温泉施設で女湯に男性器をぶらさげた変質者が入ってくることがありますが、それは全体の一パーセントにすぎません」と言われても、ほとんどの女性はそんな施設には怖くて行きたくないでしょう。

有本 岩手県では、この法律ができる前からおかしなことが起きています。たとえば、トランスジェンダー女性が女子トイレや女性更衣室に入ってきた時、違和感を覚えた側の人に理解を深めてもらうよう注意しましょうという趣旨のことが、「いわて県民計画(二〇一九〜二〇二八)」という職員向けのガイドラインにしれっと書かれていたのです。

百田 「キャー、私たちの更衣室に入ってこないで!」と声をあげた女性に対して、「君、それは間違っているよ」と注意するということですね。まさしく、いまアメリカのカリフォルニア州などで問題になっている事例ですね。

有本 「キャー」と声をあげたほうが、「理解が足りないね」と言われ、諭《さと》されるのです。これが理解増進だと。こうしたことがすでに日本の一部で行われていたのです。よく法案賛成者から「全国の自治体で過激な策がすでに出ていて、それらに歯止めをかけるために法律が必要なんだ」というもっともらしい言い訳がされていたのは、こうした実態を指してのことだと思いますが、実際は法律で歯止めをかけるどころか、全く逆です。むしろそうした異常な流れを助長させ、定着させてしまいかねないのが今回の法案でした。よくも「歯止めになる」などと言えるなと、慄然《りつぜん》としますよ。

やってはいけない社会実験

百田 他にも、懸念材料は山のようにあります。たとえば、いわゆる「公金チューチュースキーム」の余地があることもそうです。「理解を増進させなあかん」と法律に明記したことで、職場や学校、諸団体で教育や研修を行うための講師を派遣するNPO団体や一般社団法人が雨後《うご》の筍《たけのこ》のようにできる。その大半が、リベラルの活動家たちによって運営されるでしょう。我々の税金がそうした活動家たちにどんどん流れる。

それ以上に問題なのは教育です。年端《としは》もいかない子供たちに歪《ゆが》んだ性教育が施《ほどこ》される。LGBTという何の科学的裏付けもない、近代の頭でこしらえた概念を徹底的に教え込む。これがどのような弊害を生み、どのような悪影響を及ぼすのかは、十年、十五年、二十年と経たないとわかりません。そうした子供たちがどう思春期を迎え、成人するか。自我や人格形成にどのような影響を与えるのか、一切わかっていない。これはものすごく恐ろしいことです。

有本　あの法律には三箇所、ＬＧＢＴについて「児童に教育する」という旨《むね》の記述がありますね。この点は自民党も問題視し、「学校の設置者は、基本理念にのっとり、性的指向及び性同一性の多様性に関するその設置する学校の児童、生徒又は学生の理解の増進に関し、教育又は啓発、教育環境の整備、相談の機会の確保等を行うことにより性的指向及び性同一性の多様性に関する当該学校の児童等の理解の増進に自ら努める」という文言に一部修正されましたが、こんな曖昧な記述では全く不十分です。この児童云々《うんぬん》の部分はまるごと削除すべきなのです。日本保守党は重点政策で、ＬＧＢＴ法の改正を掲げています。もちろん廃法が理想ですが、成立した法律をいきなり廃止するのはハードルが高い。

であるならば、まず「児童への教育」の箇所を削除し、さらに中心概念に据えるジェンダー・アイデンティティという意味不明の言葉を別の言葉にするか、もしくはこれがいったい何を指しているのか、議論の場に引きずり出したいと考えています。

百田　日本は今後、ＬＧＢＴに関心を持つ世界の研究者や団体が非常に注目する国になるでしょう。いわば壮大な実験場と化します。やってはいけない社会実験をやろうとしているのです。

しかも、日本という国の根幹を変えてしまう。何よりも皇統の断絶をも招きかねない懸念があります。日本は神武《じんむ》天皇以来、二千数百年間、父系（男系）の万世一系できた世界最古の国家です。それが今回の法律下で、もし仮に内親王殿下が「私は男である」とトランスジェンダー男性を宣言した場合、どうなるのか。「それは認められない」と跳《は》ね除《の》けることができるのか。「なぜだ。私を男だと認めないのはおかしいではないか」と反論されたらどう答えるのか。なし崩し的に皇位継承者として認める流れになりかねない。そうならないと誰が言えるのか。

有本　「日本国憲法と皇室典範で皇位継承者を『皇統に属する男系男子である』と定められているんだから、そんなこと起こるわけないだろ」と批判する人がいるのですが、いやいや、そもそもの男女の定義を破壊しようとしているのだから危惧を抱くのは当然でしょと申し上げたい。しかも、皇室典範があるから大丈夫というならなぜ、皇室典範にない「女系天皇」の議論があれだけ頻繁に起こされるのですか、とも問いたいですね。

先の「現行法があるから女湯には入れない」という話のように、LGBT法案の話となると、なぜか「そんなことは起こらない」と頭からの否定ばかりが横行し、当然の懸念を全て「デマ」だと片付けようとする。

百田　その「デマ」が早くも現実に起きているわけですからね。そして、そうした人たちからはこれも「デマ」だと批判されるのですが、今回のLGBT法案には二千数百年続いた皇統を絶やす意図もあるのではないか、という説まであるぐらいです。いわば、それぐらい何が起こるかわからない。法案が成立してしまった今、我々が想像もつかないようなことがまだまだ起こるでしょう。

国民を二重三重に騙した

有本　かくも危険な法案を党内の部会での異論、反論を潰してまで強引に国会にあげた際、私は希望的観測ではあるがと前置きしつつも、「吊るし（審議入りさせない）で終わる公算もあります」と、YouTube番組などで申し上げました。この件は百田さんからだいぶ怒られましたが、あのときの内幕をお話しします。

いまだからはっきり言いますが、自民党の幹部と岸田首相周辺の複数の人から直接、「吊るしが落としどころだ」と聞いていたのです。ただ岸田首相の側近一人だけは、「スッと通ってしまうかもしれない」と言っていました。私は憶測ではなく当事者に聞いたことをそのまま視聴者の皆さんに伝えたのです。

これには多くの批判を浴びました。「有本は情報をもらっている与党や政府要人に甘過ぎる」と。

もちろん私の見通しが甘かったのはたしかであり、これについては自らの不明を恥じたいと思います。

しかしいま振り返れば、与党幹部や首相側近の言葉のなかに明らかな嘘があったということなのですね。私を騙したわけです。これは非常に腹立たしいのですが、私一人を騙したことよりも、私の口をも借りるかたちで国民を騙した。このことを許せないと思いました。

しかも多くの自民党議員は、「国会でしっかりと議論を重ねて疑問点を払拭《ふっしょく》していきます」と言っていた。ところが、議論などほとんどない。幹部一任でのゴリ押しですよ。もはや自民党は「自由」でも「民主」でもなくなったわけですね。二重三重に国民を騙し、日本人の価値観を大きく揺るがすようなことを平気で行う。

こんな連中に任せていけるか、日本国民の一人として断じて許せないという気持ちになりました。

百田　なぜ今回、彼らは保守論客などを利用する形で、「いやいや、この法案は審議入りにもなりません」という嘘を広めたのかというと、それは部会を強行突破した時点で、ネット上などで凄《すさ》まじい批判の声が巻き起こったからです。その非難の炎を放っておけばどんどん燃え広がってしまうと危機感を覚えた。だから「これは慌てなくても大丈夫。どのみち通りませんから」と火消しをし、安心させた。そのうえで強行採決に踏み切ったわけで、非常に狡猾《こうかつ》です。

では、二重三重に嘘をつき国民を騙してまで、なぜこの法案をこれほどまでに急いで成立させたのか、その理由が正直よくわからないのです。

この法案の強行採決を推し進めた首謀者は岸田首相でしょう。では、岸田氏の動機は何か。「G7サミットを成功させたかったらこれを早く成立させよ」とバイデンに言われたのかもしれません。しかし、これも一つの説にすぎない。では、その際、どのようなディール（取引）があったのか、バイデンはLGBT法案を日本で成立させてどのようなメリットがあるのか、様々な説があることは承知していますが、真相はわかりません。

有本　もう一つよく言われるのが、連立を組む「公明党への配慮説」ですね。とくに二〇二三年の六月ごろは、東京などでの選挙協力を巡って公明党との関係が悪化していました。解散総選挙が近いと言われていた中で、これ以上の関係悪化は避けたいとの思惑。つまり、日本国よりも自分たちの議席を優先させた、と。

百田　その説が正しいと仮定して、ではなぜ公明党がそこまで異常なほど法案成立に前向きなのか、これがいま一つわからないのです。この法案が成立することによって日本の弱体化を狙う中国の指示なのか、こういうことまで言うと陰謀論と言われてしまうわけですが、こうしたことまで思わず想像してしまうぐらい、今回、法案成立を急いだ理由は全く不明瞭なのです。

有本　私も直接話を聞きましたが、LGBT当事者の方々からも反対の声があがっていますし、いったい誰がこの法案を望んでいるのか全くわかりませんね。

百田　「法律というものは、必要だからこそ作られるものだ」と北村弁護士は指摘していました。ところが日本は古くから性の多様性に寛容な国柄《くにがら》で、宗教戒律の厳格な他国と比べても、深刻な差別など起きていない。誰がこの法案を望んでいるのか、さっぱりわかりません。

いずれにしても、これほどまでに問題だらけの悪法を国民に嘘をついてまで強引に通した自民党は、もはや全く信用できません。そして、いまの執行部や幹部を見ても、自民党を内部から変えることももう不可能です。そうしたことも含め、私はこれまで再三再四、自民党を批判し続けてきましたが、もうそれでは何も変わらないと確信しました。

新党設立に四苦八苦

有本　だからこそ、日本保守党を立ち上げることを決めたわけですね。

百田　そうです。ただ、当初は具体的なことは何も決めず、党名も綱領も政策もこれからで、とにかく何か行動しなければ、というやむにやまれぬ思いでした。もちろん、私の力などたいしてありません。蟷螂《とうろう》の斧《おの》です。しかし、たとえそうであったとしても、ここで黙って見ているわけにはいかない。こんな暴挙を黙って見ているようでは生きている価値がないとすら思い、せめて自民党に一太刀《ひとたち》浴びせたい、たとえその力は小さくとも、もしかしたら賛同してともに戦ってやろう、頑張ろうではないかと思ってくださる同志がおられるのではないかとも思いました。そこで、スーツに着替えYouTubeで新党設立を宣言したのです。すると、半日たって有本さんから電話がかかってきて「百田さん、新党つくるって、あれ本気か？　本気やったら私も相当腹に据えかねることがあるから、一肌脱ぐで！　本気やろな！」と。

有本　そんな言い方していません（笑）。「協力しますよ」と申し上げたんです。

百田　そんな感じだったかなあ。もうちょっと語気が強かった気がするのですが（笑）。とにかく、あれ以降、私と有本さんは新党の立ち上げに向け、準備を進めてきました。とはいえ、私はこの類《たぐい》の実務が苦手で苦手で。事務手続きは有本さんに完全に丸投げ状態でした（笑）。

薄々は理解していましたが、政党を立ち上げるのがいかに大変で難しいか。そのことを立ち上げを宣言してからの二カ月あまりで痛感しましたね。事務所を借りようと思っても、政治団体に部屋を貸してくれるビルは少ない。実績がない任意団体なので銀行もそう簡単には口座開設をさせてくれません。一方でホームページを開設するのにも、強固なセキュリティ対策をする必要があります。一般企業よりも、サイバー攻撃に晒《さら》されるリスクが大きいからです。私一人だったら、いくつもの高いハードルを前にしてとっくに諦《あきら》めていたでしょう。しかし有本さんは次々と難題をブルドーザーみたいにクリアしていきました。有本香、恐るべしです！　いまさらながら、有本さんを敵に回さないでよかったです（笑）。

有本　立ち上げのプロセスと苦労については後の章でも詳述しますが、あれこれ考えて結局、「はじめから全てデジタル」にすることで事務コストを徹底的に合理化しました。まだまだ改善点はあると思いますので引き続き進化させて党員の皆様と積極的にコミュニケーションをとれるよう努めていきたいと思っています。

百田　ほんま心強いです！

ガンの宣告

有本　いえいえ（笑）。私はとにかく、いまの政治にうんざりしていて、理念や政策はもちろんですが、党の構造からしていまの永田町方式を一切廃したいと考えたのです。いまメディアを騒がせている裏金が物を言うような原始的な世界を「政治」だと勘違いしている人が多過ぎる。ここからメスを入れ、違う形を見せるべきだと思いました。

その上で、もっとデキる政治家を送り出していきたい。百田さんはよく「いまの国会議員は八〜九割クズ」と言いますが、クズ率の少ない土壌を作りたいんです。

その点で何より懸念されるのは、いまの政治家を含む日本人の大半に「日本への理解」が圧倒的に不足していることです。二千数百年間、先人たちがいかにしてこの国を守ってきたか。その大切な国を次の世代に引き継いでいくために、私たちは何を守らなければならないか、それを皆わかっているのか、と。

百田　歴史も知らないし、国家観もない。いまの国会議員はそんな連中ばかりです。はっきり言って芯がないのです。生物に喩《たと》えれば、骨格のない「軟体動物」のようなものなんです。第四章で有本さんと日本保守党の国家観と歴史観について拙著『日本国紀』を中心に語り合いましたが、とにかく政治家が歴史や文化を含めた「日本という国」のことを知らなさすぎます。

有本　だから自ら動かなければならないと、百田さんの志《こころざし》に賛同して、日本保守党の設立に参加することを決意したのです。

百田　ありがとうございます。私は二〇二四年二月で六十八歳になります。あと何年生きられるかわかりません。まえがきにも書いたように二〇二三年十二月二十七日にはガンの宣告も受けました。二四年一月と二月に手術を行いますからすぐにどうこうという話ではないので皆さんご心配なく。ですが何が起こるかはわかりません（笑）。いま改めて、人は、誰のために生きるのか――ということを考えます。実は、これは拙著『永遠の0《ゼロ》』に託したテーマでもあります。「自分は誰のためにも生きていない」という人生ほど辛《つら》いものはないと思うんです。また、自分のためだけに生きるという人生も虚《むな》しい。家族のため、恋人のため、友人のため、自分のことを大切に思ってくれている人のため、会社の従業員のため、日本のためなどなど、一人ひとりが「人は、誰のために生きるのか」ということを考えてみると、その人の人生の幅が広がると思うのです。

私はこれまでYouTubeなどで好き勝手なことを言ってきましたが、もう好き勝手なことを言っているだけでは日本は何も変わらない。何か行動を起こさなければとの思いです。もちろん、私が政党を立ち上げて活動したところでたいした影響力などないでしょう。でも繰り返しになりますが、何か実行に移さなければならない。

――かくすれば　かくなるものと　知りながら　已《や》むに已まれぬ　大和魂《やまとだましい》――（吉田松《しょう》陰《いん》）

〝男らしさ〟という表現すら憚《はばか》られる時代になりつつありますが、あえて言わせてください。私は男として生を享《う》け、曲がりなりにも男として生きてきました。愛する日本の危機を黙って見ているようでは男が廃《すた》る。

もちろん新党を作って国会議員一人当選させるだけでも大変な困難です。たとえうまく当選させることができても、自民党を脅《おびや》かす存在になるには五年、十年、二十年はかかるでしょう。それまで私が生きているかどうかわかりません。そして日本がもつかどうか、もはや時間との闘いです。

私の想いは単純です。愛する日本を守りたい。そのために、日本に真の保守政党を作りたい。皆さん、どうか力を貸してください。一緒にこの素晴らしい日本という国を守りましょう。

第二章

豊かで強い日本を取り戻す

百田尚樹
有本香

「保守派」からの批判

百田　我々が日本保守党の設立を宣言すると、多くの賛同者や支持を表明してくださる人たちが現れました。大変な力をいただいています。その一方で批判も数多く出ました。興味深いのはそれが立憲民主党や共産党といった左翼政党支持者からではなく、自民党や日本維新の会を支持する「保守派」からのものが圧倒的に多かったことです。誹謗《ひぼう》中傷が多いのですが、なかには「保守を分裂させるな」という批判もよく見られました。

有本　私に対してはある自民党の有力議員、いやここで初めて名前をはっきり言いましょう。衛藤晟一《えとうせいいち》参議院議員からは「くだらないマネするなよ」とドスの利《き》いた声で半ば恫喝《どうかつ》ともとれる言い方をされましたよ。自民党本部で行われた会合に出たときのことです。会合後に会議室から退出する、そのときに言われました。衛藤さんとも長い付き合いなのですけどね。

当然私も黙っていたはずもなく、「あーら、衛藤先生にくだらないマネするな、と言われたから、もっとどんどんくだらないマネすることにします」と、自民党本部のエレベーター前、記者もいるところで、大声で言ってやりました。

私はこういう恫喝的な態度の御仁《ごじん》には絶対に我慢できない性分なんです。一民間人の女だと思ってナメんじゃないよということです。

百田　話を伺いながら怖くて震えてしまいました……。心を落ち着かせるため、ちょっと水飲ませてください（笑）。

よく「保守が分裂したら喜ぶのはリベラルだ」と言われるのですが、ここは改めて強調したいところですが、そもそも自民党は保守ではありません。安倍晋三さん一人がいたからそう見えていただけなのです。

それと、自民党の議員や自民党の支持者が頻《しき》りに言うのは、「自民党を内側から変える努力をしよう」「自民党を内側から変えるべきだ」というものです。しかしそんなことは一〇〇パーセント無理だと断言します。あの安倍さんですらできなかったのです。それをなぜ「自分ならできる」と言えるのか不思議でしょうがない。中には区議会議員、市議会議員レベルでも「自民党を内側から変える」などと公言する人がいるのですが、一介の地方議員が自民党を変えられるなら、誰も苦労しません。まあ単なるパフォーマンスで言っているのでしょう。もし本気で変えられると思っているなら、自己評価が相当におかしい。

「選挙で自民の候補者が落ちて立憲や共産の候補者が通ったらどうするんだ」という批判もよく言われるのですが、はっきり言って今の自民党の議員が通るよりもそのほうが日本にとってはマイナスが少ないとさえ思っています。どういうことかと言えば、政策に大きな影響力を持つ自民党のクズ議員を当選させるぐらいなら、何の影響力もない愚かな野党議員が一人増えたほうが、国にとってはダメージは少ない。そう考えざるを得ない状況まで自民党は劣化しています。今や、選挙は「マイナスを少しでも減らす」という考え方をしなければならない状況になっているのです。

有本　究極の劇薬というか、逆転の発想ですね。しかし最近の自民党の施策や自民党議員の言動を見ると、立憲民主党と区別がつかないですからね。

ところで選挙に関して岸田政権は当初、二〇二三年六月に解散総選挙に打って出ようとしたのですが、岸田翔太郎秘書官（当時）が首相公邸で大はしゃぎしている写真が流出したり、木原誠二官房副長官（当時）を巡る疑惑、日韓通貨スワップ再開、韓国の「ホワイト国（グループA）」復帰、日本を破壊するLGBT法案の可決成立、〝異次元の移民政策〟ともいわれる「特定技能外国人」の範囲拡大など様々な問題が噴出して支持率が急落、とても解散を打てる状況ではなくなりました。

百田　その後も支持率は下落を続け、八月にはとうとう三三パーセントという発足以来最低水準を記録（NHK世論調査）、一時は「支持率が底を打ったのではないか。選挙をやったら勝てる」という自民党の独自調査も出たようですが、秋本真利《まさとし》衆議院議員の収賄《しゅうわい》逮捕、内閣改造や選挙目当ての「減税」などがことごとく不発に終わり、さらに山田太郎文部科学政務官、柿沢未途《みと》法務副大臣、税理士資格を持つ神田憲次《けんじ》財務副大臣などのスキャンダル報道による相次ぐ辞任、そしてパーティー券による裏金問題で支持率はさらに下落、遂に十二月の世論調査で一〇パーセント台と最低支持率を更新。「もはや政権末期」とも囁《ささや》かれるほどでした。したがって、二〇二四年九月の自民党総裁選まで選挙はできないのではないかとすら言われています。

もちろん選挙がいつあるか、これればかりはわかりません。そして選挙は水ものですから、勝敗もわかりません。正直なところ、日本保守党が衆院選の小選挙区で勝つのは相当に厳しい。それでも座して死を待つわけにはいきません。「負けるから戦わない」という姿勢は好ましくない。基本姿勢として、たとえ敗北しても、戦ったうえでの負けはよいと思っています。

とはいえ、いざとなれば、退却する勇気も指揮官には必要です。意地やメンツだけで戦うものではありませんから。そのあたりは、情勢を見て慎重かつ適切に判断します。

有本 やるとなれば、何らかの形で、いまの驕《おご》りきった自民党に一太刀《ひとたち》浴びせたいですね。

日本の崩壊を座視できない

百田 なぜ今回、日本保守党を立ち上げたのかに関しては、第一章でも述べたとおりですが、改めて簡潔に申しますと、安倍晋三さんが亡くなられてから、自民党はその正体をさらけ出しました。日本を破壊するLGBT法案の強引な可決成立。民主主義もへったくれもないあまりの酷《ひど》さに、腸《はらわた》が煮えくりかえる思いでした。私はあの光景を見て、「もしこの法案が本当に通るのであれば新党をつくるしかない」と思いました。

第一章ではお伝えしなかった裏話を少ししますと、実はたまたまその日、嫁さんと中華料理のチェーン店の王将で食事をしていたんです。餃子《ぎょうざ》を食べながら「あんまり腹立つから、もしLGBT法案が成立したら新党立ち上げるわ。ええか」と嫁さんに訊いたんです。するすると、天津飯《てんしんはん》を食べていた嫁さんは「ええよ」と一言。驚いて、「いや、ええよって言うけど、金もようけかかるで。ほんまにええの？」と言うと、嫁さん、急に箸《はし》を置いて、「どうせ金なんかあの世に持って行かれへん。私はあんたとこうやって王将で天津飯が食べれたら、それでええ」。

自分で言うのも何ですが、最高の嫁さんを貰ったと思いましたね。

あと、こんな無謀な話に賛同してくださった有本さんも凄《すご》い。嫁さんといい、有本さんといい、女性は強い！

有本　百田さんの奥様と並べられると恐れ多いのですが、私もLGBT法案のあまりにもふざけた内容とその顚末《てんまつ》に怒り心頭でした。これも第一章ではお伝えしていませんでしたが、実はこの怒りを同じボルテージで共有できるのは百田さんしかいないと思ったんです。ですが、まさか本当に「新党を立ち上げる」とまでは思いもよりませんでしたよ（笑）。

百田 勢いで言ってしまいました（笑）。

有本 実を言いますと、この新党話が持ち上がるまでは全く違う人生設計を考えていたのです。私も還暦を過ぎましたから、これからは少し仕事をセーブしてゆったりとした生活を送ろうと考えていました。だから今回の新党立ち上げは家族からは反対されました。でもここで立ち上がらなければ、きっと後悔すると思ったのです。

何ができるかわからない、失敗するかもしれないが、日本が壊れて行くのを座視《ざし》して人生を終えたら、先人に顔向けができないと思いました。私は普段そんな大それたことを考える人間じゃないのですけどね。それほど自民党に対する怒りは凄《すさ》まじかった。正直に言いますと、私は怒りのあまり眠れない日もありました。

百田 すみません。私はけっこう寝てました（笑）。

「保守」とは何か

有本 体力勝負ですからしっかりと寝てください（笑）。ところで先ほど、百田さんから

「一時岸田政権の支持率が底を打ったのではないか」というお話がありましたが、良い悪いは別にして、日本人には怒りを忘れやすく、水に流しやすい性格というか、特徴があります。ですから、徐々に岸田政権への怒りも水に流すだろうなと、LGBT法案が成立した時からわかっていました。あの時、保守派の多くも怒っていましたが、結局、あっさり自民党を許しているんですね。

百田　二〇二三年八月から九月にかけて、各種世論調査でも一時、岸田政権の支持率下落が止まったように見えた時がありましたね。その後の政務官や副大臣のスキャンダル、裏金問題などがなければここまで支持率が下落し続けたかどうか。

有本　「まあ、他にいいこともやっているし」とか、「意外とやることやっている」とか、「LGBT法案も使いようで左翼封じに役に立つ」とか。岸田政権についても「他の総理候補よりましだから」と擁護あるいは支持する側に回っている人もいた。呆《あき》れるけれど、日本人の忘れやすい特質を考えると、想定の範囲内でもありました。

百田　有本さん、実は私は「あいつは許さん！」と思ったら一生許しません（笑）。ですから、今後はどんなことがあっても自民党を許すことはありません。

昔、仕事で「こいつどうしても許せん」という人が亡くなったんです。仕事上の付き合いもあったので仕方なしに葬式に行き、その帰り道、偶然同じ方向だった女性と電車で一時間ほど話したんですが、あとからその女性に「百田さん、凄いです。お葬式が終わって、その帰り道、延々と一時間にわたって故人の悪口を言い続けた人、私初めて見ました」と言われました。

有本 百田さん、言っときますけど、それ、褒められてないですからね。

百田 え、ずっと褒め言葉だと思っていました（笑）。こんなんで政党の代表がほんまに務まるかな……。

余談はさておき、読者の皆さんに訴えたいことは、日本保守党という党名からもおわかりいただけるように、私たちは「保守」ということを掲げています。

では、保守とは何か。これを定義することは非常に難しく、人によってさまざまな解釈があると思いますが、一つ言えることは、保守の対義語としてリベラルという言葉がありますね。先ほども少し触れましたが、私はいまの自民党は保守政党ではなく完全なリベラル政党だと思っています。それはLGBT法案に見られるように、日本の伝統や文化、国体というものを破壊しつつあるからです。

有本 世界で初めてLGBTに特化した法律を強引に成立させた自民党は、世界で最もリベラルな政党だということを「売り」にしたらいい。前のめりな移民政策、福祉に名を借りたバラマキなど、自民党の左傾化は今後も止まらないでしょう。

百田　ますます加速していくと思いますね。私はクラシック音楽が大好きで、特にフルトヴェングラーというドイツ人指揮者が好きなのですが、彼は音楽家であると同時に多くの著書を著《あらわ》しています。『音楽ノート』など名著も多数ある。そして、警句のような素晴らしい文章を書いています。たとえば、有名な次の一文。

「革命はナイン（Ｎｅｉｎ）ということ、芸術はヤー（Ｊａ）ということ」

ナインとは英語で「ＮＯ」を意味し、ヤーとは「ＹＥＳ」を意味します。すなわち、革命は既存のものを否定して破壊するのに対し、芸術はあるべきものを肯定する、と。この言葉は政治の世界にも通じるのではないかと思うのです。

リベラルは伝統の否定や文化の否定、国体の否定など基本的に否定から始まる。対して、保守は伝統や文化や国体をしっかり残していこうと肯定する。もちろん、時代の変遷《へんせん》によって人々の生活様式や思考も変わっていきますから、その時代に合わせて変えていくべき伝統もあります。

他方、この日本という国には二千数百年にわたり連綿《れんめん》と受け継がれ、発展してきた日本独自の伝統や文化があります。私たち日本人には、そのなかで培《つちか》われてきた考え方やモラルがある。そうした日本の持つ伝統や文化、考え方やモラルを岸田政権は次々に破壊しようとしているのです。彼らの行っていることは総じて「改革」と称したグローバル化、欧米化一辺倒なんです。日本の伝統や文化を保守する姿勢は微塵《みじん》も感じられません。

有本　ＬＧＢＴ法案でお怒りのときに、百田さんが動画でこうおっしゃった。

「日本は世界で一番素晴らしい、世界がお手本にしてもいい国です。それをなんで欧米のように変えなければいけないのか。岸田首相はグレートリセットなどと言っているが、なんでそんなことせなアカンの？　米国のエマニュエル大使は、ＬＧＢＴ法案が通ろうというときに、『日本は進化の途上にある』と言った。どっからの上から目線でぬかしとんじゃい。このボケ！」

百田さんのこの最後の一言を「下品な暴言」としか言えない〝お利口さん〟しか、いまの永田町にいないことが問題なんですよ。自国の国体が壊されかけていることに気づきもせず、怒りの表明もできない人たちばっかり。石原慎太郎さんあたりがご健在なら、同じようなことをおっしゃったでしょうね。

他方、永田町の人たちは「日本一国では生きられないから」と言い、筋違いの「国際協調」という言葉など持ち出して国民を騙しにかかる。しかし、やっていることは、日本を弱体化させることばかりです。「国際化」と言いながら、日本の国土や技術はおろか、大切な価値観まで売り渡し、国を壊しているのがいまの政治家たちです。

それと、先ほどの「保守とは何か」というお話に関して、これはエドマンド・バークの保守思想に連なりますが、私は、保守とは一種の「謙虚さ」だと思っています。たとえば、俺様の考える「改革」をすれば日本の問題は全て解決、日本は良くなるんだという考え方は、実に傲慢《ごうまん》なものですよね。この傲慢な考えに立たないのが保守でしょう。

もちろん諸事について日々改善に努めなければなりませんが、先人の築き上げてきた制度や社会を「旧弊」として全否定し、自分たちの考える新しい制度や社会こそが正しいんだと思い込む、独善的で幼稚な考え方を嫌うのが保守です。時代の変化に合わせて変えるべきところは変える一方で、国の伝統や価値観、国柄《くにがら》など残すべきところはしっかり守る。その謙虚さがいまの政治には全く感じられません。そもそも、何を残すべきで、日本の国体が何かさえも国会議員は碌《ろく》に知らない。

異次元の移民政策

百田　「保守とは謙虚である」というのは素晴らしい言葉だと思います。さすがです。これはどういうことかと言えば、「先人が遺《のこ》してきたものに対して敬意を払う」というものであり、また「自分が考えていることは、必ずしも正しいとは限らない」という謙虚な姿勢というものですね。

翻《ひるがえ》って、自称リベラル派には、「自分たちが考える政策は絶対に正しい」という非常に傲慢な姿勢があると思います。

そんな保守とは対極にある、日本を破壊する一例がこの章の冒頭でも少し述べた移民問題です。いまや自民党は〝異次元の移民政策〟をとっています。

自民党だけでなくほぼ全ての国会議員が「日本は人口が減るから移民を入れなあかん」「労働者が足りないから移民を入れたらええやん」と、極めて短絡的で安易な考えしか持っていない。彼らは、移民を入れることによって日本という国がどれほど変質してしまうかということに一切思いが至っていない。移民を推進した国がどうなっているか、ヨーロッパを見れば一目瞭然です。フランスやベルギーの惨状をわが事として捉《とら》えている国会議員は皆無です。国会でもそうした議論がなされたとは聞いたことがありません。

移民問題も日本を根底から変えてしまいかねない極めて重大な問題で、もし日本の伝統や文化やモラルを大切にするということが前提としてあれば、現在の政府がとっている政策とは全く違ったアプローチをするはずなんです。

有本　二〇二二年、久しぶりにヨーロッパ、パリとベルギーの首都ブリュッセルを訪れました。いずれも街の中心部でも中東・アフリカ系の方々を多く見かけました。暴動頻発の要因となる軋轢《あつれき》が日常化しているのは誰の目にも明らかです。ちなみに、ブリュッセルと並ぶベルギーの都市アントワープでは十年も前に、男の子の新生児で最も多い名前はムハンマドとなっています。

百田　ブリュッセルは住民の七五パーセントが外国人だと言いますね。これは国際機関が多いからだそうですが、イスラム教徒の人口も増えており、首都圏の平均で二三パーセント、サンホセ地区という市の中心部に近い地区では住民の四七パーセントがイスラム教徒だと。アントワープはアニメ『フランダースの犬』の舞台となるなど中世の港町の趣《おもむき》をいまに残した伝統と文化の街という印象だったのですが……大変驚きました。

有本　「移民問題」というと、日本では人手が足りない、いわゆる3K（きつい、汚い、危険）労働の文脈で議論されがちなのですが、ベルギーでは移民二世の世代のなかにホワイトカラーに従事する人たちも多くいます。

ブリュッセルで、東京でいえば銀座のようなブランドショップが立ちならぶ最大の繁華街を歩いたんですが、ヒジャーブを身に着け、裕福そうな若い女性たちが洒落《しゃれ》たカフェでお茶を飲んでいるその近くの通りで、物乞《ものご》いをしている白人男性を見かけました。こうした現実は、ひょっとすると明日の日本の姿かもしれないのです。

百田　このままではそうなる可能性が高いですね。そうした危機感がいまの国会議員には全くない。

有本　すでに日本でも、いま埼玉県の川口市などでクルド人の一部が暴徒化するなど地域住民とのトラブルが深刻化しています。そうした下層の問題が顕在化《けんざいか》する一方、移民の数が増えれば日本社会の支配層に躍り出ていく人も今後増えていくでしょう。するとどのようなことが起こるかというと、「日本の国体など関係ない、大切にする必要はない」という考えが主流となる虞《おそ》れがある。

政治家も財界人も「自分ファースト」

百田　ここで非常に重要なことは、いま有本さんが言及された「数の問題」です。いまから二十年以上前の話ですが、「朝まで生テレビ！」で移民問題がテーマになりました。そこで司会の田原総一朗氏が、まず「移民に賛成か反対か、それぞれ札を上げてください」と言って、パネリストたちは皆、賛成、反対と書かれた札を上げました。私はそのあまりにも乱暴な前提に呆れました。こういうゼロか百かという議論のやり方くらい無茶苦茶で間違ったものはないからです。なぜなら、正解はその間にあるのです。大事なことは、どれくらいの「数」で、どういう質の移民かということなのです。それを抜きに、移民問題は語れません。

あれから二十年以上経ちましたが、いまも同じような議論が続いている印象を受けます。すなわち、移民に賛成、反対というだけで具体的な数の議論が抜け落ち、移民に反対と言うと、一人も入れてはならないという考えなのかと思われたりする。逆も然《しか》りで、賛成なら五千万人入れてもいいのかという極端な議論になってしまう。

有本　移民に対して否定的な意見を言うと、「排外主義者」「差別主義者」「多様性を否定」といったレッテルを貼られてしまうことを政治家は酷く恐れています。そうした不当なレッテル貼りに負けることなく、「外国人を受け入れることに反対ではない。ただし〜」と、この「ただし〜」の部分を毅然と語れる政治家が、いまの永田町にはほとんどいない。

百田　ほんま情けないですね。

有本　百田さんがおっしゃったように、移民問題において「数の問題」は大変重要で、たとえば、学校のクラスでイスラム教徒が一人、二人であれば、給食で豚肉が出てもその日だけはお弁当を持参するなどの対応をとれば済む。ところが、クラスの半数以上がイスラム教徒になったら給食をハラールにしなければならない事態も考えられる。現にドイツでそうしたことが起きていて、ドイツの伝統料理「アイスバイン」や「シュバイネハクセ」は豚肉を使いますが、学校の食堂ではそうした料理を出せないところが増えているんです。イギリスでも同じようなことが起きているそうです。

強調しておきたいのですが、私にはイスラム教徒の親しい友人が複数いますし、ウイグル問題に長年取り組んできましたので、イスラム教徒への嫌悪感情や差別する気持ちは一切ありません。ただ、国が彼らとの「共生」を安易に考えるべきではない。いまの日本を見ていると、欧州の後追いをして自壊の道を進んでいるとしか見えないのです。

百田　日本は、政治家も経済界も長期的な視点を全く持っていません。たとえば、労働人口を補うために移民を入れてもらいたい企業が政治家に働きかける。一企業にとっては、移民を入れれば一時的にせよ従業員を確保できるのでプラスかもしれませんが、その従業員が日本ではたして何年働けるか。仮に四十歳で日本に来たとして、六十歳の定年まで働ける保証はどこにもない。もし定年まで勤めあげたとして、その後の年金や社会保障費などのコストを考えると、一企業にはプラスになったとしても、日本全体で考えた時、はたして本当にプラスになっているのか。

ましてや途中で働くのが嫌になり、生活保護を受給するケースが出てくるかもしれない。企業は「そんなん次の移民を入れたらええわ、辞めたあとのことなんて関係ないで。儲かるんやからええやろ。どんどん入れたれ」と自分たちの短期的な利益しか考えず、政治家も財界人からの要請に応えれば票をもらえるということしか考えない。皆が自分のことしか考えておらず、その政策が将来、日本にどのような悲劇をもたらすかなど眼中にない。

そんな連中ばかりなんです。

有本　目先の損得だけで、社会全体のコスト、負荷を全く考えていないのですよね。

対中国の問題でも、政治家、財界はダメですね。与野党問わず、日本の政治家に中国の暴挙に実効的な対抗策を講じる意思は見られません。アメリカが前政権下において、中国メーカーの製品のバックドア問題を重要視し、電子機器のファーウェイや監視カメラ企業を締め出しました。さらに、ウイグル人らへの強制労働加担を止める法律の制定へと動き、政権が代わったあとも方針を変えずに制裁に乗り出しました。しかし、同盟国たる日本国内には、その制裁対象の企業の製品があふれかえっています。

日本弱体化政策

百田　あと、移民問題で重要なのは先ほども少し触れましたが、「質」です。日本の文化や習慣を尊重して日本社会に同化していこうという外国人と、出身国の文化や習慣に固執して日本社会に同化する意思がない外国人を、同じに見ることは難しい。政府は安易に「共生」という言葉を使いますが、そもそも文化も思想も生活習慣も違う外国人とどうやって共生していくのでしょう。政府はそのプログラムを示すべきです。現在、ヨーロッパの国の多くが移民問題で大変な状況に陥《おちい》っているのは、まさに「共生」が失敗したからに他なりません。

中国の若者のなかには、一党独裁国家にいても未来がないため、日本に留学して猛勉強して優秀な成績で日本企業に入社しようとする人たちも今後増えてくるでしょう。彼らがやがて出世していき、数十年後、気づいた時には役員が全員中国人だったというケースも十分あり得ます。

日本人にはあまり知られていませんが、中国では会社法と中国共産党規約によって、中国共産党の党員が三人以上いる企業では党支部を設置しなければならないと規定されています。さらに国家情報法によって「いかなる組織及び国民も、法に基づき国家情報活動に対する支持、援助及び協力を行い、知り得た国家情報活動についての秘密を守らなければならない」（第七条）と定められている。つまり、中国の国民や組織は、中国政府の情報活動に協力する義務があるのです。なので、「こんな情報をとってこい」と中国政府の指示があれば、スパイ活動を実行しなければならない。

有本　本国に家族や親戚がいる人たちはいわば〝人質〟をとられているわけですから、逆らえない。

百田　いかに中国人学生のなかに優秀な人材がいても、会社自体を乗っ取られてしまう危険性を孕《はら》んでいることが現実問題としてあるんです。こうしたチャイナリスクをストレートに訴える日本の国会議員は、残念ながらほとんどいません。日本の国会議員は圧倒的に親中派、媚中派《びちゅうは》ですから、みな中国に忖度《そんたく》してものが言えない。このあたりも、既成政党には期待できない所以《ゆえん》です。

有本　岸田政権下では、熟練外国人労働者として家族を帯同できる在留資格「特定技能二号」の対象分野を現在の二分野から十一分野へ拡大しました。二号を取得すれば無期限就労が可能となります。あまりにも拙速、考えなし。こんなことを許していたら、日本は間違いなくヨーロッパの二の舞いを演じることになりますよ。

日本の自動車メーカーを不利にするEV補助金も然りで、自公政権が推し進めている政策は、日本を弱体化させるものばかりです。

本来、日本は豊かで強い国ですよね。国民は今も勤勉で誠実です。この良さが残っているうちに、日本の国力を取り戻さなければならないのに、日本を売り渡すことばかりやっている。そんな政治には、はっきりと「NO!」と言わなければならない。

日本を取り戻す航海へ共に

百田　日本は世界最高の国なんです。歴史に「ｉｆ」は禁物と言われますが、『日本国紀』

の「あとがきにかえて」で、私は「もし、地球上に日本列島がなかったならば」ということを書きました。書いていて、二十世紀の世界における日本という存在の大きさ、私たちの祖先の偉大さを改めて痛感しました。

もし日本がなかったら、私たちが知る世界とは全く違った恐ろしい世界になっていたことでしょう。日本があったからこそ、いま世界はなんとかモラルを保てていると言っても過言ではない。アジア・アフリカ諸国の植民地支配からの解放は百年、二百年遅れたはずです。日露戦争で日本が勝利していなければ、中国は欧米諸国に植民地支配され、今頃は国として存在していないでしょう。

第一次世界大戦後のパリ講和会議において、日本の発言が世界を驚愕《きょうがく》させました。

「肌の色の違いによる差別をなくすべきだ」

世界で初めて日本が人種的差別撤廃を国際会議で提言したのです。いまでは当たり前の概念ですが、当時はとんでもないことでした。現に、アメリカ、イギリスが大反対し、この提言は潰《つぶ》されました。両国は「人種差別撤廃を宣言する日本は危険だ」と、むしろ日本を警戒し敵視した。

先ほども話に出ましたが、そのアメリカのエマニュエルとかいう駐日大使が、日本に対して「日本はジェンダーに関して何年も遅れている」などと批判しましたが、何をぬかしとんねん！　という話です。あの発言を聞いて、なぜ日本の国会議員はもっと怒らないのか。情けない！　ほんま悲しいですよ！

有本　古来、同性愛について日本がいかに寛容な国であったか、史実を示し、教え諭《さと》す政治家が一人ぐらいいていいはずなのに、私の知る限り、一人もいませんでした。米国大使の小間使《こまづか》いのように、笑顔で一緒に写真におさまっている政治家は大勢いましたが。

百田　日本の素晴らしい歴史を国会議員が知らなすぎます。欧米の学者は、日本に古来、奴隷がいなかったことに驚愕すると言います。日本では、飛鳥《あすか》時代の奴婢《ぬひ》を奴隷と教える教師もいるようですが、欧米的な奴隷の概念とはまったく違います。後年の墾田永年私財《こんでんえいねんしざい》法《ほう》にも奴婢に土地を与えた記録が記されています。つまり土地の所有も認められていたということで、奴隷ではなかったことがわかります。世界各国の奴隷は人権もなく、主人の所有物でしたが、日本にはそんな存在はありません。こんな国は日本だけです。

あるいは、『万葉集《まんようしゅう》』ひとつ見てもその凄さがわかります。勅撰《ちよくせん》歌集（天皇や上皇の命によって選ばれた歌集）でありながら、皇族や貴族の歌だけが載せられた歌集ではないのです。農民、防人《さきもり》、遊女、乞食《こじき》まで、あらゆる国民の歌が載っている。素晴らしい歌の前では身分など関係なかった。同時に、末端の暮らしを送っていた人たちも歌が詠《よ》めた。なんという文化的教養の高さでしょうか。

日本の歴史を繙《ひもと》くと、日本がいかに世界最高の国であるかがわかります（第六章、七章で詳述）。それをいまの政治家が全く知らない。日本という国に誇りを持っていれば、いま岸田政権が行っている愚かな政策などできるはずがないんです。世界最高の国である日本を守りたい、その一念で日本保守党を立ち上げました。

有本　日本保守党が旗揚げしたからといって、すぐに何かを劇的に変えることは難しいですが、党員の方々と力を合わせて、五年、十年、二十年と活動していくなかで、良い方向への転換を目指していきたいと考えています。

百田　行き先が見えないまま船出を迎えた日本保守党は、途中で座礁《ざしょう》するかもしれないし、沈没するかもしれません。なにせ私と有本さんが手作業でこしらえたオンボロ木造船です。既成政党のような豪華客船とは異なり、船室には冷暖房すら完備されていません。「それでも乗ってみたい！」と党員になってくださる人がいるなら、これほど嬉しいことはありません。

日本を取り戻す航海へと共に出航しましょう。面白い航海になることは、船長の私が保証します！

第三章

日本保守党は王道を歩む

百田尚樹
有本香

河村たかし共同代表就任の衝撃

有本　二〇二三年十月十七日、日本保守党は記者会見を開き、地域政党「減税日本」の代表を務める河村たかし名古屋市長の日本保守党共同代表就任ならびに、減税日本副代表の広沢一郎さん（前名古屋市副市長）の日本保守党事務局次長の就任を発表しました。

百田　この記者会見には多くの報道陣が取材に訪れました。噂によりますと中国共産党も記者会見の様子を生中継で見ていたとのことです。さらに島田洋一福井県立大学名誉教授曰《いわ》く、トランプ前大統領の選対本部も注視したと言います。まだ政党にもなっていない一政治団体の記者会見にこれほどの関心が集まるというのは過去、あまり例のないことではないでしょうか。会見を見ていた中国共産党は「この有本という女はあなどれんなあ」と警戒心を高めたかもしれませんね（笑）。

有本　そうだとしたら大変光栄なことです（笑）。ただ日本保守党の党員や日本保守党に注目してくださっている方々の中には、河村たかし名古屋市長が日本保守党の共同代表に就任したことに対して意外に思われた方もおられたと思います。

百田　いまだから言えますが河村さんの共同代表就任は極秘に進めていました。なんと河村さんは共同記者会見が始まる数分前まで家族にも黙っていたと言います。いよいよ記者会見が始まるという時になって奥さんに電話して「いま東京におって、これから百田さんの日本保守党と共同でやることになったと記者会見を開く」と伝えたら奥さんが「ぎゃあ」と驚きの声を上げた後、「頑張って」とおっしゃったと。ここまで秘密を厳守できる河村さんも凄《すご》いですが、奥さんもまた肝《きも》の据《す》わった方ですよね。

有本　河村共同代表の奥様は「何かある」と勘づいていらっしゃったそうです。九月の某日、我々が隠密裡《おんみつり》に名古屋へ行って減税日本の方々と話し合いを重ねていた頃、百田さんが一度ご自身の愛車で行かれたことがありましたよね。あの車が事務所の駐車場に停まっているのを見てピンときておられたそうです。さすがですね。

一方、河村さんが突然、日本保守党に加わったことに対して「新味がない、がっかりした」と思われた方がいらっしゃったかもしれませんが、私たちは相当な時間をかけて協議し、熟考に熟考を重ねたうえでのお互いの判断でした。

その狙いをあらためてお話ししますと、まず、言うまでもなく、私と百田さんには政治の経験がありません。その点、河村さんは政治経験が豊富で、名古屋市長としては減税など、誰もできなかった素晴らしい実績がある。そして何より、圧力や報道のバッシングに屈しない、日本をど真ん中において考えられる政治家であることが大きいです。

一例を申し上げますと、二〇一二年、河村市長が「南京大虐殺はなかった」と発言し大騒動になりましたね。あの時、私は市長に初めてお会いし、事の経緯を全て話してもらい本にする予定だったんです。その過程で、政治家としての様々な話も伺いました。以来、十年以上のお付き合いになりますが、折りに触れ取材をさせていただいてきました。

たとえば財務省の東海財務局が名城《めいじょう》公園の前の土地三千坪を中国の総領事館に売却する動きを河村さんが止めた際もテレビカメラとともに取材に伺いましたし、愛知トリエンナーレの反対の件でもご一緒しました。ほかに数年前、私が小池百合子東京都知事を批判する本を出したときには河村さんから「何をそんな怒っとるの」と電話がかかってきました。早速名古屋へ出かけてお会いし「豊洲《とよす》問題」の一連の経緯をお話ししましたら、当時、小池都知事の特別顧問を務めていた方にその場で電話をしてくださいました。この方は過去に名古屋市の顧問もやった人で、河村さんの高校の同級生なんですね。すぐ電話してくださり、「有本さんという人がおかしいと言うとるよ」と伝えてくれたんです。

このように様々な場面で、私は河村たかしという政治家をウォッチしてきました。

百田　河村さんと共同でやると発表した時、多くの人が衝撃を受けたことは、私はプラスだったと考えています。エンターテインメントでも政治でも、ショックを与えることは非常に重要な要素ですから（笑）。

有本　その点、百田さんと同じく、河村さんも「やっぱり騒ぎを起こさなあかん」とおっしゃっていましたね（笑）。実際、共同記者会見の様子はメディア各紙が取り上げました。その多くが当然ながら「名古屋市長」である河村さんを見出しに据えた。実は、このことは私も読んでいました。やはり、現職の名古屋市長という存在は大メディアも無視できませんから。

ただそれ以前に意外だったのは、百田さんとこっそり名古屋に行きはじめた時、河村さんが最初から「形はともかく、ぜひ一緒にやろう」とおっしゃっていたことです。いくら百田さんがミリオンセラー作家であっても、政治的には海のものとも山のものともわからない存在ですので。

百田　そうでしたね。私が「どうですか。一緒にやりませんか」と言ったら、開口一番「面白い、一緒にやろう」と即答されましたね。

有本　「いまの政治は嘘ばかり。カネまみれで堕落、腐敗している。こんなんじゃダメだ」と。

もしあの時、河村さんが「政治の世界はそんなに甘くない。素人《しろうと》には難しいよ」というような〝経験〟をひけらかす上から目線の姿勢で臨まれたら共闘関係は築けなかったと思います。ところが、まず「面白いじゃないか、ぜひ一緒にやろう」と。あの姿勢には正直驚きました。同時に、「これはうまくいくな」と直感しましたね。百田さんもすごく満足そうな顔をされていた。

河村さんと最初の会談を終えた後、新幹線の出発時刻まで少し時間があったので百田さんと近くの喫茶店で話をしたら、今度は百田さんが開口一番「河村さん、やっぱええね。あんなに実績と経験がある人やのに、ぜんぜんマウントとってこうへんかったわ」とおっしゃった。お二人を引き合わせてよかったと安堵《あんど》しましたよ。

百田　私のような「政治のど素人」に対しても全く偉ぶる様子はなく、むしろ「一緒にやろう」とおっしゃってくださった。「信頼できる人だな」と感じましたね。それと河村さんは「私は裏切りませんから」ともおっしゃった。この言葉も心に響きました。

有本　百田さんはこれまで何度も様々な人に裏切られてきましたからね（笑）。

百田　人を見る目がないのかもしれません（笑）。それはさておき、河村さんに関してですが、過去、河村さんがいわゆる「南京発言」を行ったことに対して、中国はもちろん、日本のメディア、左翼文化人、政治家などが連日連夜、河村さんに猛烈なバッシングを浴びせました。ところがあの時、河村さんは一切、謝罪や発言の撤回をしなかった。当時からこれは非常に骨のある政治家だと思っていました。

河村さんに否定的な意見もよく聞くのですが、実はその大半がイメージなんです。「南京発言」でもわかるように、左翼メディアにものすごく嫌われ叩かれました。彼らはとにかく「河村を落としたい。名古屋市長の座から放逐《ほうちく》したい」と何年もネガティブキャンペーンを行っている。そのネガキャンに侵《おか》されている人が非常に多いんです。「百田さん、なんや河村さんと組むんかい。がっかりや」と言う人に、「ではお聞きしますが、河村さんの具体的にどこがどう問題なのですか」と尋ねても、ほとんど誰も答えられない。「なんとなく」のイメージなんです。せいぜい出てくるのは、金メダルを噛んだくらいの話です。

党の発展のために

有本　メディアの作り出したイメージで嫌われるというのは、百田さんとそっくりですね。百田・河村両代表には他にもいくつも共通点があります。自分の思うことをズバッと言う。意志を曲げない。しかし偉ぶらない。誰に接するときも同じ姿勢。そして意外に思われるかもしれませんが、若い人やチャンスに恵まれない人を引き上げてやろうというお気持ちがとても強い。お二人共。で、引き上げた挙げ句、裏切られる（笑）。

それと河村さんに関しては、元民主党の国会議員でありリベラルだとの見方が根強くありまます。しかし、私は自民党を担《かつ》いでいる保守派の皆さんに言いたいですね。「減税」というのは保守そのものですよ、と。財務省の言いなりになって、隙《すき》あらば税金を取ろうとし、召《め》し上げた税金を「俺たちが配ってやる」という今の政権の姿勢こそリベラルそのものですよね。

ただ、ここで、河村たかしという政治家の「リベラル性」について説明しておきますと、たとえば、遠い昔に国旗国歌法に反対したことがあり、エネルギー政策では反原発、再生可能エネルギーの推進派だとされていることがよく知られています。これらを捉《とら》えて、日本保守党、あるいは百田・有本とは相容《あいい》れないのではないか、との指摘もよくいただくのですが、その内幕を申し上げます。

河村さんのリベラル性は当初から我々も懸念していました。その点も忌憚《きたん》なく話をさせていただきながら、共同記者会見までの約二カ月間、何度も何度も議論を重ねてきました。河村さん曰く、国旗国歌法に反対した時というのは、野中広務《ひろむ》氏らが自民党を牛耳《ぎゅうじ》っている時代で、とにかく酷《ひど》かったと。河村さん自身が国旗に敬意を払えないとか、国歌は歌わないということで反対したのではなく、理由をこうおっしゃった。

「空襲など戦争で苦しんだ民間人に対して日本政府や自民党は何をしたのか。救済立法も行わず、結局何もしていないじゃないか。名古屋市では独自の民間戦災傷害者援護見舞金を十万円に増額した。そうしたことを全く考えない連中が、何が国旗国歌法だ。そういう時だけ国家然とするのか。そんな思いから反対した」

私の先祖も大阪で空襲被害に遭った一族ですから、この思いはわかります。ただ、河村さんのこの思いをしっかりと説明すべきだと伝えました。

百田　私が河村さんに「国旗国歌法に反対するのはおかしいですよ」と懇々《こんこん》と言ったら、河村さんは黙っていましたね。その重要性を理解していただけたと確信しています。

有本　自慢していいと思うんですけど、我が執行部の良さはお互いに腹蔵《ふくぞう》なく、どんな問題でもとことん話し合えるということですね。当然、原発政策についてもこちらの考えを河村さんに率直に伝えました。百田さんと私は、安全審査に合格した既存の原発は早く再稼働させるべきという考えです。その必要性と合理性を話し、一方で再エネ賦課金《ふかきん》の非合理性、再生可能エネルギーへの傾斜の欺瞞《ぎまん》などを懇々と説明しましたらやはりしっかりと理解してもらえましたね。その結果、河村さんも「再エネ賦課金なんてやめたらええ」と憤《いきどお》っていました。加えて日本の産業、とくに愛知県でも盛んな製造業を再び世界一にするために電気代を下げる必要があることもご理解いただけました。

百田　「日本保守党の重点政策に原発再稼働が明記されていない」という指摘を受けることがあるのですが、既存の原発再稼働は政府の方針として閣議決定されており、既定路線のため、あえて書く必要はないと判断しました。ですが、改めて重点政策として原発政策を明記してもいいかもしれませんね。
ただ、原発政策に関しては一点、原発の新増設までは私自身もまだ詰め切れておらず、その点は河村さんもまだ納得していませんので、ここは日本保守党としてもさらに議論を重ねていきたいと考えています。

政党内で政策など多少のずれや修正点はどの政党にもあると思います。日本保守党としてそこはどうしても譲れないという点以外は、議論を重ねて、多少のずれなどは大きく併《へい》呑《どん》でいくぐらいでないと、党としての発展は難しいと考えています。

有本　百田さんは世間のイメージと違って、そのあたり非常に柔軟なのですよね。これまでテレビのお仕事を長年されてきたことと関係があるのだと思いますが、いわゆる大衆の気持ちに常に敏感で、けっして先鋭化《せんえいか》しない。この点はベテラン政治家の河村さんも同じで、最初に会談した時に「譲れない政策をSランクとして、その下にAランク、Bランク、Cランクと区分けしていけばいいのではないか」と提案されましたね。

百田　そうでしたね。それとXのポストでよく「河村市長はLGBT法案に賛成なのではないか」という書き込みが見られるのですが、LGBT法案についてもその問題点や危険性などを河村さんはしっかりと理解いただいています。ですから明らかな誤解なんです。

有本　むしろ河村さんから「LGBT法案の見直しはSランクだね」と言われましたから

ね。ご心配には及びません。

議員特権、政治家の家業化を廃止

百田　何よりも河村さんと我々の考えている政策には多くの共通点があります。たとえば、我々が重点政策で掲げたなかに「減税と国民負担率の軽減」があります。私は、日本経済をダメにした大きな原因の一つに税の重負担があると考えています。その点、河村さんは減税日本の代表であり、名古屋市長として実際に減税を行い税収を増やすなどしっかりと成果をあげている。そして、この減税を全国で行いたいとの思いを強く持っている。

いま日本人の給料は三十年間上がっていません。世界中で日本人ほど勤勉で、真面目で誠実に一所懸命働く民族はいない。それなのに三十年間も給料が上がっていないのは、やはり政治の責任です。

一方で議員の給料はものすごく高いままで特権のオンパレード。仕事を全くしなくても年収は即座に一千五百万円に跳《は》ね上がり、月額六十五万円の立法事務費に年間約六百三十五万円の賞与、赤坂の一等地に議員宿舎が提供され、秘書三人の給料、計約二千万円も国から支払われる。加えて、毎月百万円の調査研究広報滞在費（旧文書通信交通滞在費）という領収書のいらない〝小遣い〟がもらえて使い放題。さらに、ＪＲ特殊乗車券で新幹線はグリーン車、国内定期航空券で飛行機はファーストクラスが無料。当然これらはすべて税金です。クズみたいな議員に我々の税金が湯水のごとく使われているんです。

議員のなかには「国のため、金もいらない、命もいらない」などと偉そうに言っている人がいますが、では、給料を下げたり、賞与を拒否したり、秘書三人の給料は自分で払ったりということを実行に移している議員がいるかというと、皆無です。

一方、河村さんはどうか。名古屋市長と言えば年収は約二千七百万円。ところが河村さんはそれを八百万円に下げました。もちろん政令指定都市の首長としては断トツに低い。退職金も市長を一期四年勤めれば四千二百万円もらえます。河村さんはこれらを全て放棄している。現在四期やられていますから、給料と合わせて総額約四億円以上を拒否している。「金はいらん」と口で言うのは簡単ですが、実際なかなかできることではありません。河村さん曰く「おっかあに怒られちょる」と（笑）。

有本　自宅に鍵をかけられてしまい名古屋のカプセルホテルに泊まったという話まであるぐらいですからね（笑）。

百田　しかも、河村さんは新幹線でもグリーン車は市のお金では絶対に乗らないし、飛行機も必ずエコノミーと決めている。

有本　新橋で街頭演説を終えた後もタクシーを使わず電車でホテルまで移動していましたからね。我々との打ち合わせも河村さんが指定する場所はいつも大衆的な居酒屋でした。個室といっても河村さんの秘書も含め五人で座ったらもうぎゅうぎゅう状態。ここで内密な話ができるのかと心配になったほどです（笑）。

百田　河村さんは「政治家の家業化をなくす」という点でも我々の考えと全く同意見です。これは私の持論なんですが、いまの政治家が劣化している大きな原因は世襲にあると思っています。ただ、「世襲に問題がある」と言うと必ず「世襲にも安倍晋三さんのような政治家もおるやないか」と反論されるんですが、もちろん、世襲でも安倍さんや中川昭一さんのような素晴らしい政治家はいました。でも、それはごく稀《まれ》な例外であって、安倍さんの存在はほとんど奇跡なんです。そうした例外を持ち出しても意味はない。問題は全体がどうかですから。

いまの政治家、自民党の幹部クラス、大臣クラス、総理大臣を見て下さい。ほとんどが世襲議員です。自民党で総理大臣や幹部クラスになるには、能力以上に当選回数が重視されます。その当選回数を重ねるためには、二十代の後半や三十代前半で政治家にならなければならない。一般の人が社会に出て働いて様々な経験をして「よし政治家になろう」と政治を志《こころざ》し、親戚などから資金を集めて晴れて政治家になったとしても、四十歳をこえているのが普通です。すると、もう当選回数を稼げない。そうした人はどれほど志が高くて能力があっても、よほどの引き上げがない限り上にはいけません。二世、三世の世襲議員は大抵早くから父親の秘書などを務め、「ジバン（地盤）、カンバン（看板）、カバン（鞄）」を引き継ぎ当選回数を重ねていく。結果、社会経験も能力もないボンクラでも幹部や大臣になっていく。そんな連中が日本の政治中枢を占めているのが実情です。

世襲に関しては第八章でも改めて述べたいと思います。

議員による「合法的脱税」が横行

有本　世襲の問題では、たとえば、親の政治団体から子の政治団体へと「寄付」というかたちで資産を移せば贈与税も相続税も一切かからないため、「無税の遺産相続」が横行していることも是正すべきでしょう。政治団体の代表者が議員から親族に交代してもやはり非課税で、実際は相続や贈与でも課税を免れている例が多いのが実態です。庶民からは高い税金を搾り取っておきながら、自分たちは税金逃れを行っている。

百田　合法的な脱税ですよね。

有本　世襲議員は親から「寄付」された豊富な政治資金を使えるため、選挙でも非常に有利です。こうした不公平さも含めて、政治家の家業化を止めることでも河村さんとは考え方が一致していました。

共同記者会見までの二カ月間やりとりをしてきてわかったことは、河村さんはイメージとは異なり、ものすごく緻密《ちみつ》だということです。たとえば、日本保守党の三十七項目の重点政策をつくる時も一つひとつの政策について実に細かい問いをいただきました。「これは具体的にどうやるつもり?」「自分の経験からいくとこの法改正は大変だから、ここの表現はこう変えたほうがいい」など微《び》に入《い》り細《さい》を穿《うが》つ。日中は公務で忙しくされていますから必然的に電話は夜になります。

深夜、「こんな時間まで……」と思うような時にも電話がかかってきて、「この問題については過去、誰々が質問主意書を出していて、政府はこう答弁してきたはずだから、それを前提に文言《もんごん》を変えたほうがいいのではないか」などとおっしゃることもたびたび。つまり、河村さんには、これを国会で質問したらどうなるかという風景が見える。実践での攻め口はこうだという政治の現場のシミュレーションを教えてもらえていることは、我々にとって非常に大きいです。

とにかく河村さんは世間のイメージとは大きく異なる人であり、私たちにとって最高の先生です。

伝説の街宣

百田　共同記者会見の翌日の二〇二三年十月十八日には河村さんも交えて日本保守党は名古屋駅前で初めての街頭演説を行いました。当初、はたして我々の話に耳を傾けてくださる聴衆がいるだろうかと不安もあったのですが、予想に反して大変な数の聴衆が詰めかけてくださいました。

あの日、我々が演説を行った名古屋駅ゲートタワー前広場は、政治家が街宣活動をする場所としてよく使われるそうなのですが、関係者から「あれほどの数の人が集まったのはいまだかつて見たことがない」と言われました。まあ、これはすべて有本さんの人気ですが（笑）。

有本　いやいや（笑）、とにかく大変な数の人で驚きました。演説開始前、我々は後方に控えていて「そろそろ時間」となって演台を目指して進もうとしたところ、あまりの人の多さでなかなか前に進めない。ようやく演台に上って話し始めたのですが、暗さに目が慣れてきたら、広場の上の階段から二階まで人で埋め尽くされていることに気づきました。凄いことになっているなと、むしろ現実感がありませんでした。

十月二十一日には東京の秋葉原《あきはばら》、新橋駅前でも街頭演説を行い、ここでも名古屋同様、大変多くの人々が詰めかけてくださいました。そこに集ったのは、どう見ても「活動家」のシンパではありません。組織により動員された人々でもない。この呼び方が適切か否かはわからないのですが、「市井《しせい》に生きる普通の日本国民」でした。演台に立っていると、肌寒い秋の宵《よい》に一時間もの間、じっと立って私たちの演説を聞いてくれる人たちの思いが、痛いほど伝わってきました。

「日本を守って」「このままでは日本がダメになる」「自民党政治には我慢ならない」と。

百田　秋葉原では最前列に幼い子を連れた若い夫婦がいて熱心に我々の話に耳を傾けてくれていました。聞くとお子さんは四歳だと言う。もちろんその子には話の内容までは理解できていないと思いますが、「この子らの将来まで背負っているんだな」「全力で頑張らなあかんな」と改めて責任の重さを痛感しましたね。

有本　そうした経験を背に十一月十一日には大阪梅田で街宣を行いました。百田さんは「大阪は維新人気が凄いからな。日本保守党など見向きもされないのとちゃうか」と存外、弱気な見通しを語っていましたね。

百田　大阪は自民党も駆逐され、まさに「維新一強」ですからね。そんな牙城《がじょう》に乗り込んでいって、はたして我々の話を聞いてくれる人がおるんかなと半信半疑でした。

有本　ところが蓋《ふた》を開けてみると、街宣舞台となった大阪梅田の駅前は、人、人、人で埋め尽くされていた。その結果、一時間を予定していた演説は三十分で中断。人が集まりすぎたために続行不可となってしまいました。

百田　あまりの人の多さに大阪府警から中止要請が出されて、泣く泣く街宣を断念せざるを得ませんでした。政治演説に人が多く集まりすぎて中止となったというのは前代未聞でしょうね。一部では「伝説の街宣」などと呼ばれています。

梅田ヨドバシカメラ前は、これまで多くの政党が演説会をやってきた場所なのですが、皆の想定を超える多くの方に集まっていただいた。結果として通行にご不便をおかけしてしまったことは、お詫び申し上げます。また、演説を聞くために集まってくださった方々にも大変申し訳なく思っています。私も十分間ぐらいしか話をすることができず、消化不良でした。態勢を強化したうえで、必ず再行したいと思っています。橋下徹氏や大阪・関西万博のことなど、もっとしゃべりたいことが山ほどあったんです（笑）。

有本　聴衆の皆さんは終始、節度ある態度で演説を聞いてくださっていました。そのお蔭で、事故なく終えることができたと思っています。この場をかりて厚く御礼申し上げます。

百田　不可解だったのは、演説が始まってしばらくすると、夥《おびただ》しい数の消防車、救急車、パトカーがけたたましいサイレンを鳴らして集まったことです。実はあの日、我々は急遽《きゅうきょ》、演説開始時刻を予定より十分早めて午後五時五十分に行いました。すると約十分後、当初演説開始を予定していた午後六時頃に消防車、救急車、パトカーが次々とサイレンを鳴らしながら集まってきたのです。その数、なんと二十三台！　二、三台と違いますよ。二十三台ですよ。

しかもそれ以外にもおかしなことがありました。普通、緊急車輌は現場に到着するまではサイレンを鳴らすのが当然ですが、現場に到着するとサイレンを切ります。ところが、この日は停車してからもずっとサイレンを鳴らし続けていたことです。もっと不思議なのは、我々が演説を中断した途端、パッと鳴り止んだ。実に不可思議な出来事でした。

有本　事後に判明したことですが、救急車輌などの到着は「人が将棋倒しになっている」という旨《むね》の通報があったため、とのことでした。当時の梅田駅周辺で、そのような事故は起きていませんでした。

百田　つまり、虚偽通報とも考えられます。通報者は警察によって特定されているようですから、背景も含めて今後の捜査が待たれます。民主主義の基本ともいうべき街宣活動を妨害することは断じて許されません。また、もし同じ時間帯に事故や災害などが起きていたら、救急用の車輌が間に合わなくなる可能性もあったことを考えると、これは人道的にも許されざる行為だった可能性もあります。何しろ緊急車輌が二十三台も出払っていたのですから。

いずれにしても、日本保守党としましては街宣の態勢強化を努め、できるだけ早く私たちの想いを大阪の多くの方々に届けます！　もちろん、二〇二四年は大阪以外でも全国各地で街宣を行っていきたいと考えておりますので、皆さん是非、聞きにきてください！

有本　政治活動には不可解がつきものです。今回の件を肝に銘《めい》じたいと思います。

聴衆の怒りと絶望感

百田　このように私たちの街頭演説に予想を上回る、大変多くの人が集まってくださったことは一般の人たちが我々の発信に注目してくれている、私たちへの期待がネットの世界だけではなかったことを実感させてくれました。

少し遡《さかのぼ》りますと二〇二三年九月一日にX（旧ツイッター）で日本保守党の公式アカウントを開設したところ、わずか半日でフォロワーは五万人を超え、翌日には十万人。一週間後には十五万人、十五日間で、自民党のフォロワー数を抜き去り、全政党ナンバー1に躍り出ました。現在三十三・二万人でいまも増え続けています（二〇二四年一月現在）。

ちなみに、各政党のフォロワー数は以下の通りです（同）。

・日本保守党：三十三・二万
・自民党：二十五万一千
・立憲民主党：十八万八千
・れいわ新選組：十四万八千
・共産党：十三万八千
・公明党：十一万三千
・参政党：十一万一千
・日本維新の会：七万五千
・国民民主党：六万三千
・社民党：四万六千

新聞・テレビなどオールドメディアの影響力が落ちるなか、各政党はネットの発信力強化に力を注いでいます。とくにSNS戦略を重視しているのが立憲民主党です。立憲民主党がフォロワー数を伸ばしている時、各紙には以下のような見出しの記事が躍りました。

「衆院選、ネット戦も熱　立憲民主、フォロワー十五万」（日経新聞）
「立憲民主、フォロワー十一万人　ツイッター四日目で自民を追い越す」（東京新聞）
「立憲民主のフォロワーが自民党抜き首位独走」（ブルームバーグ）

立憲民主党の〝快挙〟を絶賛していた新聞ですが、私たちの日本保守党がわずか十三日で立憲民主党を抜いた〝快挙〟についてはまったく報じてくれませんでした。

有本　マスメディアのなかでは我々が存在しないことになっているのでしょうね。先ほどの大阪での街頭演説の様子も大メディアは一切報じませんでした。

百田　あれだけの人が集まって、夥しい数の緊急車輛が集まって、「いったい何事だろう？」と疑問に思った人も多かったと思うのです。つまりニュースバリューは十二分にあったはずなんですが全く報じませんね。

しかし、Xのフォロワーに関してもそうですが、正直凄いことだと思います。まだ正式に立ち上がってもいない「政党」が並み居る既存政党をたったの半月ですべて抜き去ったのですから。Xは特殊な人たちが集まったSNSではありません。老若男女、様々な人が参加しています。その中で最も多くのフォロワーを獲得したことは、大きな意味があると思っています。

ただ、これはあくまでもネットの世界です。「日本保守党はネットの世界の空中戦は得意だけど、実際はどうなのか」と懐疑的な見方をする人たちも多くいました。そう見られても仕方がない。

ところが、私たちの街頭演説にあれほどの人が集まってくださった。これは大きな手応えを感じましたね。

では、なぜあれほどの人たちが集まったのか。その理由は様々あると思いますが、なかでも「自民党政治に対する怒り」への共鳴が大きいのではないでしょうか。さらに絶望感に近いものもある。Xのフォロワーの人たちのポストを見ていると、「はじめて支持できる政党ができた」「何年も選挙に行っていなかったけど、久しぶりに選挙に行きたいという気持ちになった」という声が非常に多いんです。周知のとおり、いま国政選挙や地方選の投票率は年々下がっています。その大きな理由の一つが「入れたい政党がない」というもので、これは怒りというよりもむしろ絶望感に近い気持ちではないか、と私は思っています。

二〇二三年十月に行われた東京・立川市選挙区での都議会議員補選の投票率は二七パーセントでした。つまり、三人に一人も投票に行っていないのです。たとえば四十人のクラスがあったとして、「学級委員」を選ぶ際、わずか十一人しか投票していないんです。こんな選挙で選ばれた人が「学級委員」と言えるでしょうか。しかも、立川市の補選の立候補者は自民党と都民ファーストと立憲民主党の三人で、自民党だけが落選しています。これは従来の自民党支持者が選挙に行かなかった、と推察できます。

もちろん投票率が高ければすべていいかというと、それほど単純ではないと考えていますので、その点については第八章で改めて述べたいと思います。

志を同じくする党員が基盤

有本　新党立ち上げを宣言した当初から、政界関係者から「政治は数だ」「実際どうやって議席をとるのか」「誰が選挙に出るのか」と散々聞かれました。質問はこればっかりで正直うんざりしました（笑）。誰も政策のことを聞かない。ですが、我々は敢《あ》えてそうした声をすべて聞き流してきました。なぜなら、「議席は本来、あとからついてくるものだ」という考えが根底にあるからです。失礼ながら、自民党をはじめとしたいまの政党は、総じて「本末転倒」の状態に陥《おちい》っていると思います。

政党とは本来、理念や思いを共有する人が集い政策を生み出す場であって、その実行者にふさわしい人を議員として送り出すべきです。ところが、いまの永田町の皆さんは選挙のことしか頭にない。私たちはこの選挙互助会的、選挙第一主義の考えではなく、政党の王道を歩みたいと思っています。すなわち、志を同じくする党員を集めることに主眼を置きたいんです。義理で入る名ばかり党員や、お勤め先で半ば強制された党員ではなく、意志を持つ党員に一人でも多く集まっていただく。全国津々浦々にそんな同志の輪を広げていけば、議席はあとから自《おの》ずとついてくるとの考えです。

我々の街頭演説をあれだけ大勢の方が足を止めて聞いてくださったように、今後も「いまの政権が行っている政策のここがおかしいのではないか、これが問題なのではないか、我々はこう考えている」といったことを一つひとつ皆さんの前で訴えていけば、必ず届くと信じています。そうすれば、自ずと選挙の結果に結びついていくだろうと考えているのです。

百田 もちろん党員が十万人、十五万人になっても、全国的に見た場合、決して多くはないし、小選挙区で勝つとなるとハードルはかなり高い。一方、参議院になってくると全国比例がありますから、そこではかなり闘えるのではないか。ただ、街頭演説で摑んだ手応えから、私は「早く選挙をやりたい」と思っています。もういますぐにでもやりたい！

有本 代表、準備などがあってそんなに簡単じゃないんですから（笑）。

百田 準備はすべて有本さんに任せます（笑）。有本さんは非常に慎重で、石橋を叩いて渡ろうとする。でも私は、石橋なんて「えい」と渡ったらええやんという考えなんです。「拙速は巧遅《こうち》に勝る」です！

話を戻しますと、日本保守党を立ち上げた時、多くの人からしたり顔で、「新党の未来なんてないんだ。この二十年ほどの間にいったいどれほどの新党が生まれて、いかに全部消えていったか」と、それはもう耳にタコができるほど聞かされました。過去の新党を一つひとつ挙げながら、新党なんて絶対に無理だと。しかし、過去の新党は全てが政治家の都合による「寄せ集め」なんです。
たとえば、「自民党の右に柱をたてる」として、旧日本維新の会に所属していた石原慎太郎さんを支持するグループが集まって二〇一四年八月に結党した「次世代の党」は当初、衆院十九人、参院三人の計二十二人がいたんです。ところが、同年十二月の衆院選で十九議席から二議席と惨敗した。

有本 その後継が、中山恭子さんが代表を務めた「日本のこころ」でした。この「日本のこころ」の党員数を皆さんはご存じでしょうか。ほとんど知られていないのですが、一千五百人です。「次世代の党」にも「日本のこころ」にも立派な政治家がたくさんおられましたが、肝心の党員という「基盤」がなかったのです。つまり、これまでの新党は政治家の都合で作られてきたことを物語っているとも言えます。

百田 新党を立ち上げようと言って、「よし、どれだけ議員を集められるかが勝負だ。みんな来てくれ。やったぞ、十人きた！ お、十五人に増えた！ 十九人も集まったで！」とやっても、土台がない党には何の力もないんですね。私たちはそうした愚は絶対におかしません。「とにかく議員の数だ」と寄せ集めた団体を作ったら、いま日本保守党を応援してくださっている党員が一番がっかりするでしょう。たちどころに党員が離れていく。そんな政党は議員が何人いようが意味ない。

では河村さん以外は既成政党から日本保守党には来ないのかと聞かれると、そこはまだ秘密です、としか答えられませんが（笑）。

有本　仮に今後、既存の政党から入っていただく方がいたとしても、河村さん同様、私たちの理念に共感してくださって、何度も話し合いを重ねた末に「この人とだったら一緒にやれる」という人でなければ行動はともにしません。それから、闘える人でないと。メディアに叩かれたぐらいで折れるような人とは組めませんね。この点は、はっきりと申し上げておきたい。

一方、これは矛盾する言い方になってしまうのですが、たしかに議席を確保していかなければ影響力を発揮できません。だからこそ政治家は時の風や世論に非常に影響される存在でもあります。そのことが如実に表れていることなのですが、結党会見後の名古屋での街頭演説の前と後では、明らかに政界関係者の反応が違ってきました。名駅にものすごく多くの聴衆が集まった状況を見て、「日本保守党とは仲良くしておいたほうがいいのではないか」と思った政治家が増えたのかもしれません（笑）。

百田　良いか悪いかは別にして、その時の風や流れというのは非常に大きいものがあります。いまの若い人たちにとっては「そんなことがあったのか」という昔の話になっていますが、二〇〇九年、一瞬にして自民党が下野《げや》して政権交代が起きたんです。そんなことはそれまで考えられないことでした。これは夢物語と受け取られ笑われてしまうかもしれませんが、いったん風が吹けば何が起こるかわからないとも言えます。

涙が出るほど嬉しかった

有本　我々への期待の声を煎じ詰めて言えば、「当たり前のことをやってほしい」ということだと思っています。憲法改正、議員の家業化の抑止、移民政策の是正、その当たり前のことが、いまの永田町では全く行われないどころか、議論さえされない。一方で、とんでもないことばかりが次々と行われている。ここで日本を守るための当たり前の主張をできないようでは、日本保守党も存在する価値がない。それぐらいの覚悟と緊張感は常に持ってやっていきたい。

百田　日本保守党がこれからぽしゃってしまうのか、伸びていくのかは正直わかりません。ただ、現在すでに五万七千人を超える党員が集ってくれています。その責任の重さを痛感すると同時に、こんなに心強いことはありません。一般党員で月五百円、年六千円の党費を払ってくださる方がこれだけいることに感謝でいっぱいです。

ネット上で党員募集をかけた時、Xに次のようなポストがありました。

「私は青森県の女性です。高校を卒業して二十年間ずっと働いてきました。たいした取柄《とりえ》も能力もありません。ですからそれに見合うような安いお給料しかもらっていません。お金がないから自動販売機で飲み物を買うのも躊躇《ちゆうちよ》します。でも日本保守党の設立を見て一般党員だったら月五百円でなれる。『よし、これなら自分でも』と思って党員になりました」

涙が出るほど嬉しかったです。と同時に、一般党員、特別党員の皆さんからいただいた党費はたとえ一円であってもおろそかには使えないと思いました。

有本　多くの寄付金もお寄せいただいており深く感謝申し上げます。日本保守党は、現在はまだ「政党」ではなく政治団体ですから、個人の方からのご寄付のみをお願いしていま す。また、政治団体ですから年間百五十万円という上限が決められています。

百田　寄付額が記入された通帳を見ますと一万円、二万円といった額が記されており心から有難く思っています。中には上限額の「百五十万円」が振り込まれている。「こんな大金をいただくのか……」と恐縮の限りです。ですのでたとえば選挙カーを買おうと思ってもできるだけ安いやつを買ってほしいと事務局にはお願いしています。

有本　本当に身の引き締まる思いです。志を同じくする大勢の方々と共に歩を進めて参りたいと思っています。

百田　これは私の願望もあると思うのですが、日本保守党はずっと一定のペースで伸びていくのではなく、ある程度行った時点でガッと急激に伸びる気がしています。そのためにも地道に我々の考えを一人でも多くの国民に届けたいと思っています。

この一年、二年、三年は自民党と対峙《たいじ》できませんが、五年先を見てほしい。一つひとつやるべきことをやっていけば、必ず自民党が無視できない存在になると思うのです。そして五年、十年後に自民党を打ち破ることができるかもしれない。「なんだ十年もかかるのか」といって諦《あきら》め、最初のスタートをきらなければ、その十年先は永遠にやってきません。だから、いま行動しなければならない。私は自分の年齢と体力を考えたら、あと何年できるかわかりません。正直、自民党を脅《おびや》かす存在になるまで活動できないかもしれません。しかしながら、いま思いをともにする党員が想像以上に増えています。二〇二三年十二月三十一日から候補者の公募も開始し、二四年は政治塾も立ち上げます。そうした同志のなかにあとを託せる素晴らしい人材が必ずいる、と信じています。そして、願わくは与党となって、日本が最高の国であることを世界に示し、再び世界を驚かせてほしい。

ちなみに、「百田さん本人は出馬しないのですか」と聞かれることが多いのですが、その可能性はゼロではありません、とだけお答えしておきます（笑）。あ、有本さんが出馬するかもしれません（笑）。

有本　その可能性は現時点ではゼロです、とだけお答えしておきます（笑）。

第四章

日本保守党の国家観と歴史観

百田尚樹
有本香

日本を大好きになる通史

百田　私が「日本保守党の党員の必読書」と勝手に言っているのが『［新版］日本国紀』（上・下）です。この本を本当に一人でも多くの方に読んでいただきたい。日本保守党の国家観と歴史観、ここにあり、と言っても過言ではありません。第一章でも申し上げましたが、いま日本人は、政治家は、日本の歴史をあまりにも知らなさすぎます。本章では日本保守党の国家観、歴史観をなす『日本国紀』を中心に論じてみたいと思います。

有本　日本という国をなぜ守らなければならないのか――それを教えてくれるテキストが『日本国紀』です。

百田　そもそもこの『日本国紀』を書こうと思ったきっかけは、二〇一七年に行われたケント・ギルバートさんとの対談なんです。テーマは多岐《たき》にわたったのですが、歴史教育の話になったので、以前から日本の歴史教育がどんどん酷《ひど》くなっていると感じていた私は、ケントさんにアメリカの歴史教育について訊いてみました。

するとと、ケントさんが「アメリカの歴史教科書で学ぶと、子供たちはみんなアメリカが好きになります。そして、アメリカに生まれたことを誰もが誇りに思います」とおっしゃったんです。それを聞いて私は「ああいいなあ。本来、歴史教育とはそういうもんやな」と羨《うらや》ましく感じ、と同時に、「どうして日本にはそうした日本史の本がないんだろうか」と残念に思いました。その時、「そうか、なければ自分で書けばいいんだ」と気づいたのです。

有本　これまで日本では歴史関連の書籍が数多く出版されてきましたが、一冊で通史というものは少ないですよね。『日本国紀』が出版されてから模倣《もほう》するような書籍が何冊か出ましたが（笑）。

百田　教科書会社が出版しているものぐらいしかありません。しかも、それを読めば日本に生まれたことに感謝し、日本人であることに誇りが持てるような日本史の本は皆無です。ほとんど全ての教科書会社が自虐史観に基づいて書いている。これは酷いなと改めて思いましたね。たとえば、学《まな》び舎《しや》という版元の歴史教科書『ともに学ぶ人間の歴史』です。この教科書は古代から現代に至るまで、「いったいどこの国の教科書か」と疑問だらけの内容で溢《あふ》れています。だからこそ「日本の歴史」ではなく、「人間の歴史」というタイトルなのかもしれませんが。

有本　最も驚くべきは、元号表記を極力避けていることです。「文禄《ぶんろく》の役《えき》」「慶長《けいちょう》の役」など、元号は日本の文化であるばかりか、歴史的事件の名称にも使われます。にもかかわらず排除している。天皇の存在が気に食わない人たちにとっては、天皇と密接に結びつく元号も憎しみの対象なのかもしれませんね。

百田　学び舎の教科書を採用している学校はさほど多くはないようです。ところが、問題は灘《なだ》中学校や麻布《あざぶ》中学校といったトップクラスの進学校が採用していることです。偏向教育を施《ほどこ》された生徒が東大法学部に進学して、法曹界や官公庁に就職する。そして前川喜平《きへい》氏（元文部科学事務次官）のような連中が量産される。由々《ゆゆ》しき事態です。

もちろん、負の歴史はどの国にもあります。ですが、それは子供たちが成長し、様々な知識を得たうえで学べばよいことです。何も知らない無垢《むく》な子供たちに、いきなり負の歴史を教える必要はない。いや、現代の学校教育は、むしろ負の歴史ばかりを教え込んでいる。酷いのは、そのなかに捏造《ねつぞう》の歴史まであることです。

そんな歪《ゆが》んだ歴史ではなく、子供たちを含め、読んだ人の誰もが日本が好きになる、日本人であることを誇りに思う、日本に生まれてよかったと感じてもらえる日本通史を書こうと思いました。

その時、偶然お仕事をご一緒していた有本さんに、「今度、こんな日本史の本を書こうと思っているんやけど」と――その時はまだ「こんな本書けたらええな……」ぐらいにしか思っていなかったんですが――ボソッと言ったんです。すると、有本さんが「それは書きなさい！　書かなあかんで！」とおっしゃった。

有本　そんな命令口調で言っていませんよ（笑）。毎回、各章で読者の誤解を招くようなミスリードをちょいちょい挟むのはやめてください（笑）。「是非、書いてください」と申し上げたんです。

百田　そうでしたか（笑）。でも優秀な編集者でもあられる有本さんがバックアップしてくれるなら、こんなに力強いことはありません。それなら書けそうだと思い、徹底して準備をして執筆に取り掛かりました。完成まで約一年、二千時間以上を費やし、書いていて苦しかったことも多かったのですが、全体を通して非常に楽しい仕事でした。

お蔭様で単行本は六十五万部を超え、三年後に出版した『［新版］日本国紀』も五十万部を突破（二〇二四年一月現在）、いまも売れ続けています。単行本を文庫化するとき、内容はそのままに体裁《ていさい》だけ変えることが多いのですが、『日本国紀』は違います。単行本は五百ページでしたが、文庫版は上下巻あわせて八百ページ。加筆しすぎて、もはや別の本になってしまいました（笑）。

有本　単行本のときはどうしても一冊に収めたかったこともあって、泣く泣く削らざるを得ないエピソードがたくさんありました。文庫版では、そうしたエピソードも上下巻で盛り込むことができましたね。

百田　加筆修正だけで約十カ月を要しました。編集者の有本さんには迷惑をかけました。

有本　肩こりがひどくなったぐらいで大したことはありません（笑）。編集者としてこだわったのは文体です。百田さんが文庫版では「だ、である」調から「です、ます」調に変えたいとおっしゃった。ソフトでかつ回りくどくない自然な文章に磨き直す作業に気を遣《つか》いました。その細かい作業で苦労しているところへ、百田さんから次々と大量の加筆原稿が送られてくる。「加筆の波」を整理するのが一番大変でしたね（笑）。でも編集者としてもとてもやりがいのある充実した時間でした。

百田　ありがとうございます。『日本国紀』を執筆するにあたって、改めて日本史を徹底的に勉強し直しました。これまで読んだ日本史関連の本も改めて全て読み返し、新たに膨大な資料も徹底的に読み込みました。小学館と集英社から出ている『学習まんが 日本の歴史』まで全巻読みましたね。

有本　『学習まんが 日本の歴史』は、私も読み返しましたが、大人が読んでも面白いですよね。

百田　そうなんです。「なんや、漫画かいな」と思う読者の方もおられるかもしれませんが、これがバカにできないのです。普通の歴史教科書にはない面白さがありますね。それは漫画ですから当たり前なんですが、歴史上の人物、たとえば平清盛《たいらのきよもり》や織田信長がしゃべる点です。その点が、単に事象だけが書かれた歴史教科書にはない面白さなのです。そういうのは普通の歴史の本にはありません。その意味で、執筆の参考になりましたね。

よく知られているように、そもそもヒストリー（歴史）とストーリー（物語）の語源は同じです。つまり、歴史とは物語なんです。『日本国紀』を書くにあたって、「歴史は物語である」ということを常に意識しました。

有本　百田さんから送られてくる原稿を拝読していて、「さすが稀代《きたい》のストーリーテラーは違うな」と幾度となく感心させられました。『日本国紀』では、それぞれの歴史的事象がどのように起きて、どのように結びついているのかという因果関係が見事に書かれているんです。しっかりと立体的なストーリー（物語）になっているので、歴史的事象や人物名は知っているけど因果関係はいま一つよく知らなかったという読者の方でも、なるほどと納得されたり驚かれたりされると思います。

世界に誇るべき古典、文化

百田　既存の歴史書のほとんどは、著者の主観も視点もありません。むしろ歴史書にはそうしたものを入れてはいけない、できるだけ客観性を持たせなければならないとされている。

ですが本来、歴史に客観性を持たせることなど不可能です。突き詰めれば主観が入らざるを得ない。それが歴史というものだと私は思っています。

『日本国紀』には、私の主観が随所に出てきます。時に「私はこの事実に感動します」とか、「このことに対して怒りに震えます」と主観が剝《む》き出しになる箇所も多々あります。

有本　第一章「古代～大和《やまと》政権誕生」の書き出しの一文が、「私たちの歴史はどこから始まるのか」ですからね。主語を意図的に「日本の歴史」にはしていない。

百田　はい。一行目から私の主観が入っています。こんな歴史書はこれまでありませんでした。

たとえば『万葉集《まんようしゅう》』についても、既存の歴史書では「現存する最古の和歌集。七六〇年前後に編集されたと言われており、四千五百三十六首の歌が収められている」といった記述ばかりで、最も大事なことを読者に伝えていません。

それは何か。現存する最古の和歌集であることはそのとおりですが、第二章でも少し触れたとおり、当時は身分制度があったにもかかわらず、そのなかには天皇や皇族や豪族といった身分の高い人たちの歌だけではなく、下級役人や農民や防人《さきもり》など、一般庶民ともいえる無名の人々が詠《よ》んだ歌も数多く入っているんです。つまり、歌という素晴らしい芸事《げいごと》の前では万人は平等であるという精神で、なおかつ当時の人々にとって歌を詠むということは普通の嗜《たしな》みであり、決して選ばれた人たちだけの教養ではなかったことがわかります。

一千三百年も昔にこんな文化を持った国は、世界中を探しても存在しません。私は『万葉集』こそ、日本が世界に誇るべき古典であり、文化であると思います。

これらはあくまでも私の主観に過ぎませんが、こうしたことを教えてこそ、真の歴史教育ではないかと思うのです。

他方、執筆のため様々な歴史教科書や専門書を読んでいて感じたのは、それらは、歴史の本ではなく、起きた事象を詳しく書いてある「年表の解説本」だということでした。日本の歴史書の多くがこれに該当します。これでは、読んでいて読者も退屈してしまう。

「朝鮮史観」で書かれた日本の教科書

有本 しかも、なかには史実ではないことが書かれているものも多いんですよね。

百田 そうですね。たとえば、歴史教科書を読んでいて驚くのは、秀吉の朝鮮出兵に関する記述です。「文禄・慶長の役で日本軍は朝鮮の李舜臣《りしゅんしん》の活躍にさんざん苦しめられた」といった趣旨で書かれている。また、慶長の役における最後の海戦「露梁《ろりょう》海戦で李舜臣率いる明《みん》・朝鮮水軍が日本軍を全滅させた」とも書いてある。実は、これらは全てフィクションです。事実ではありません。

有本　韓国は李舜臣を救国の英雄、世界三大提督の一人として祭り上げています。二〇一八年、済州島《チェジュ》で行われた国際観艦式で、韓国海軍が李舜臣が使ったものと同じデザインだと彼らが思っている旗を掲げています。

百田　ところが、実際には李舜臣の功績は皆無です。文禄の役の初期に、護衛の付いていない日本軍の輸送船団を襲って多少の戦果をあげたぐらい。

文禄・慶長の役において、日本軍は終始、明軍を圧倒していました。もしあのまま明に攻め込んでいれば、明を窮地に追いこんでいた可能性は高いとされています。ところが、一五九八年に秀吉が病死したことによって、豊臣政権を支える大名たちの間で対立が起こり、もはや対外戦争を続行している状況ではなくなった。そこで豊臣家の五大老は、秀吉の死を秘匿して日本軍に撤退を命じ、その年のうちに全軍が撤退したのです。

この時、撤退戦の最中に行われたのが、先ほどの露梁海戦です。明・朝鮮水軍による待ち伏せの奇襲攻撃から始まり、双方ともに損害を出した戦いでしたが、明・朝鮮軍の主な将軍が多数戦死しているのに対し、日本軍の将官の戦死はほとんどなく、実質的には日本軍の大勝利に終わった戦いと考えられます。李舜臣もこの戦いで戦死しています。

有本　日本軍が慶長の役で明・朝鮮軍を圧倒していたことは、中国側も認めている史実なんですよね。

百田 おっしゃるとおりです。『明史』には、「豊臣秀吉による朝鮮出兵が開始されて以来七年、明は十万の将兵を喪失し、百万の兵糧《ひょうろう》を労費するも、明と朝鮮に勝算はなく、ただ秀吉が死去するに至り乱禍は終息した」と書かれています。こうしたことは、日本の歴史教科書にはまず書かれていません。

ちなみに、露梁海戦で明・朝鮮軍は亀甲船《きっこうせん》を使って日本軍を攪乱《かくらん》したと言われていますが、これもフィクションです。当時の亀甲船の図面や書き残した資料などは一切ありません。完全な韓国側の作り話です。

有本 ところが、日本の一部の歴史教科書や学習参考書には亀甲船や、ご丁寧に李舜臣の銅像まで載せているものがあります。もちろん、それらが史実に基づいているのであれば話は別ですが、いまの韓国側の願望に基づいたフィクションまで混じっている。言い換えれば、日本の教科書が「朝鮮史観」で書かれ、子供たちに教えられているんです。これは非常に問題だと思いますね。

「元寇」が消された理由

百田 日本の歴史教科書では、文禄・慶長の役を「侵略」と書いているケースが多いんです。これを侵略と定義するのであれば、アレキサンダー大王の東方遠征も元寇《げんこう》も侵略であり、世界中の紛争や戦争は全て侵略ということになります。

有本　いま、日本の歴史教育では、元寇は「モンゴル襲来」と教えるようになっているそうです。

百田　蒙古《もうこ》襲来も、「蒙古」が差別的表現だからとの理由で使わない傾向になっていますね。

有本　元寇について言えば、「寇」の字に侵略の意味合いがあり、中国やモンゴルの人たちが気分を害するといけないからといった配慮で「元寇」という用語が消されていたと聞いています。にもかかわらず、「倭寇《わこう》」という用語はしっかりと書かれているんですね（笑）。百歩譲って、そうした配慮から書き換えるのであれば両方ともそうすべきです。ところが、日本人に対する用語なら許可する。誰が考えても明らかにおかしいですよ。

百田　『日本国紀』ではこれらの問題にも触れており、「歴史に対する冒瀆《ぼうとく》である」と厳しく批判しています。

有本　元寇に関する歴史的記述も、近年の既存の歴史関連の本では時の若き執権《しっけん》、満年齢十六歳の北条時宗《ほうじょうときむね》に対して批判的な内容が少なくないですね。北条時宗は、終戦後の割合早い時期までは講談の人気演目の一つだった。演目では、蒙古襲来に際して「十八歳の若き執権、北条時宗が登場」というくだりになると、劇場がワッと湧いたと言います。ところが、これがいつの間にか上演されなくなってしまった。

百田 元寇を少し説明しますと、日本を服属させようと目論《もくろ》んだ元の初代皇帝フビライ・ハーンは、一二六八年、高麗《こうらい》の使者を介して武力制圧をほのめかした国書を日本に送りつけます。「うちはこんだけの大帝国や。世界中の国がうちにひれ伏している。日本、お前も臣下になれよ」と無礼千万な内容の国書でした。しかも、「お前ら、臣下にならんかったらわかってるやろな」と、もうヤクザ顔負けの脅《おど》し。

それに対して、当時外交の権限を持っていた朝廷は「やっぱり何か返事を書かなあかんかな……」と悩み、格調高い手紙を書くんですが、時宗は「出す必要などない!」と一蹴《いっしゅう》。元とは交渉しないという断固とした決定を下します。

ちなみに、当時、執権だった六十二歳の北条政村《まさむら》はこの国難に際し、鎌倉武士団の団結を高めるため、北条得宗家《とくそうけ》(本家嫡流《ちゃくりゅう》)の時宗に執権を譲っています。

有本 国書が送られてから六年後の一二七四年十月五日、蒙古は七百~九百艘の軍船に、水夫を含む三万人の兵士を率いて襲ってきますね。文永《ぶんえい》の役です。

百田 まず対馬《つしま》を襲い、多くの島民を虐殺。次に壱岐《いき》を襲い、同じく多くの島民を虐殺しました。初めての国難に対し、九州の御家人《ごけにん》たちは命を懸けて立ち向かい、十月二十日の夜、蒙古・高麗軍の軍船は一斉に引き上げます。彼らの目的は威力偵察であったという説もありますが、わずか二週間で引き上げた理由は、日本軍による攻撃で予想以上の損害を蒙《こうむ》ったためと考えられています。

文永の役の翌一二七五年に、「わかってるやろな。次は本気やぞ！」とフビライは再び日本に使節団を送ってくるんですが、時宗はその使者を斬首の刑に処します。当時、南宋《なんそう》と争っていたフビライは、一旦日本侵攻を中止するんですが、「なんや日本から返事けえへんな」と南宋を滅ぼしたあと、再び使者を送ります。するとここでも、時宗は使節団を斬首の刑に処した。

こうした時宗の行動を「中立の立場である使者を処刑するとは何たる野蛮な行為か」と批判する学者がいるんですが、私はそれは間違いだと思っています。なぜなら使者たちは、日本の国情や侵略の経路などを偵察する意図を持っているスパイでもあるからです。だから時宗は「生きて帰すな！」と命じた。これは当然で、むしろ深い判断力と強い決断力がなければできません。

有本　いまの平和ボケした日本の感覚で、時宗のことを「儀礼知らずで国際感覚もない無能な若者」と断じている学者もいますが、私は時宗こそ日本を救ったヒーローだと思います。文永の役に続いて弘安《こうあん》の役でも、時宗は勇敢に戦います。元寇は台風という神風が吹いたことで日本は勝利したと広く信じられていますが、史実は異なりますね。

百田 たしかに最終的には台風でやられたんですが、仮に台風が襲わなくても、元軍は時宗率いる鎌倉武士の前に全滅していたと考えられます。

一二八一年五月、元と高麗軍、合わせて約四千四百艘で押し寄せてきます。これはそれまでの世界戦史史上最大の艦隊でした。また兵士・水夫の合計も十五万人にのぼり、文永の役の五倍です。

元の大軍は対馬や志賀島《しかのしま》(福岡県)を占領して九州本土上陸を試みるも、二カ月かかっても一歩たりとも足を踏み入れることはできませんでした。そればかりか、本拠地としていた島々を次々に日本軍に襲われ、どんどん後退します。この間、元軍の兵士は連日の敗戦で疲弊していました。また疫病が蔓延《まんえん》し、三千人もの死者が出て、兵糧は残り一カ月分を切っていた。鷹島《たかしま》(長崎県)というところでは、日本軍の上陸に怯《おび》えた元軍が海岸に土塁を築き、軍船同士を鎖で縛って砦《とりで》のようにするほどでした。

有本 台風が襲ったのは、まさにその晩の出来事でしたね。元軍の軍船は大変な被害を蒙りました。

百田 軍船の大半を失った元軍の将軍たちは「もうあかん」となって、鷹島に約十万人の兵卒を置き去りにして高麗へ撤退。残された元軍の兵は島の木で船を作って逃げようとしたのですが、日本軍の掃討戦《そうとうせん》にあって多くの兵が殺され、生き残った者は捕虜にされました。

北条時宗はこの弘安の役の三年後、三十二歳の若さで世を去ります。時宗は元軍から日本を守るために生まれてきた男であったと言っても過言ではありません。世界の大半を征服した元からの攻撃を二度までも打ち破った国は、日本とベトナムだけです。これは、日本人として大いに誇りにしてもいいと私は思います。

新井白石と宮家創設

有本　文庫版では特に天皇について多くの紙面を割《さ》き加筆しましたね。天皇については第六章で百田さんが詳しく書かれていますが、私たち日本人は何者なのか、日本とは一体どんな国なのか——という壮大な問い、つまり日本人のアイデンティティを突き詰めていくと、結局は天皇の存在にたどり着きます。『日本国紀』はいわゆる皇国史観ではなく、「百田史観」で書かれています。それゆえに保守派から批判されることもありますが、それでも日本の歴史が天皇を中心としたものであることは揺るぎません。

百田　文庫版には特に新井白石《はくせき》のエピソードを加筆しましたね。白石が江戸幕府の実権を握っていた当時、世襲の親王家は伏見宮《ふしみのみや》、有栖川宮《ありすがわのみや》、京極宮《きょうごくのみや》の三家に限られていて、皇室、宮家とも嫡子《ちゃくし》以外の子女は出家することが慣習となっていました。後継不足に陥《おちい》りやすい状況を放置していては、いつか万世一系が途絶えてしまうと危機感を抱いた白石は、新たに宮家を創設すべきだと時の将軍、家宣《いえのぶ》に進言する。それで生まれたのが閑院宮《かんいんのみや》です。

有本　妥協を許さない性格で「改革の鬼」と恐れられた白石は、合理主義者の能吏《のうり》というイメージが強いのですが、そんな白石が合理的には説明しにくい天皇という存在を何としてでも守ろうとしたわけです。

百田　宮家創設の七十年後、白石の懸念は現実のものとなります。後桃園《ごももぞの》天皇が若くして崩御《ほうぎょ》したとき、後継は一歳に満たない皇女が一人いるだけでした。そこで、閑院宮典仁《すけひと》親王の第六王子、祐宮《さちのみや》が光格《こうかく》天皇として即位することになった。ちなみに光格天皇は今上《きんじょう》陛下の直系祖先です。

有本　白石が閑院宮家をつくっていなかったら、万世一系は途絶えていたかもしれませんね。白石は恐るべき慧眼《けいがん》を持った人物でした。

百田　『古事記』『日本書紀』を読むと、すでに万世一系を意識して努力した跡が見られます。つまり記紀が編纂《へんさん》された約一千三百年前から、「絶対に万世一系でなければならない」という不文律があったということです。

有本　一本の糸のように続く皇統の下《もと》でこそ、国民が一つになれる。そんな意識が、一千三百年前からあったわけです。そうした歴史も知らず、平気で女系天皇などと口にする文化人やメディア、政治家が多い。なかでも悪質なのは、「ジェンダー平等」なる西洋由来の概念を皇統継承の議論に持ち込んでくる人たちです。「少しは自国の歴史を勉強してから出直してきなさい」と言いたくもなります。

百田　第一章でも述べたようにLGBT法案が成立した以上、皇統の危機にもつながる恐れがある社会になってしまいました。日本保守党では当然のことながら重点政策として「皇統の継続」を掲げています。

世界最高の民族の「弱点」

有本　『日本国紀』というと、タイトルも素晴らしいと言っていただけるんですが、これは幻冬舎の見城《けんじょう》徹社長が付けたんですよね。見城さんは多忙のなか、原稿の段階で二晩徹夜して読み、メールを下さったんですが、「私も知らないことが沢山書かれていて感動した。これは現代の日本書紀だね。タイトルは日本国紀でどうか」と書かれていました。百田さんには、見城さんから朝早くに電話があったんですよね。

百田　朝七時ぐらいでした。「これはものすごくいい。日本国紀でどうか」とおっしゃったんです。私は大概、編集者が提案してきたタイトル案は一蹴して自分で付けてしまうんですが、このタイトルは聞いた瞬間、すごくいいなと思いましたね。

とにかく今回は書いていて私自身、学ぶことが数多くありました。そのなかでなんと言っても強く感じたのが、「日本人はなんて素晴らしい民族なのか、世界最高の民族だ」ということです。これほど誠実で優しく、勤勉で、嘘をつかず、物を盗《と》らず、争いを好まない民族は他にいません。この民族は非常に知的で賢く、優しい、物を盗まない、ということは『魏志倭人伝《ぎしわじんでん》』にも書かれています。

また、幕末から明治にかけて、多くのヨーロッパ人が日本を訪れたことはよく知られていますが、彼らの多くが初めて見る日本の社会や文化に驚き、それを書き残しています。そのなかで共通しているのは、彼らが日本人民衆の正直さと誠実さに感銘を受けていることです。

近年でも、東日本大震災をはじめ日本各地で自然災害が相次いでいますが、その都度、世界は「なぜ日本では混乱が起きないのか」と驚愕《きょうがく》していますね。むしろ被災された方々がお互いに助け合う。現代だけでなく、たとえば江戸時代には火事が年間三千件ほど発生していましたし、地震や津波、台風など毎年のように自然災害に襲われていました。その都度、皆で助け合って復興してきた。

日本人の素晴らしい民族性は、そうした国土と自然のなかで培《つちか》われてきたものなんです。

『日本国紀』を読んでいただければ、日本民族の歩んできた歴史的系譜も辿ることができます。

有本　ただし、単に日本を褒め称《たた》えただけの本ではないんですよね。日本人のダメな点も書かれている。特に国際政治という謀略の世界では、赤子のように振る舞ったり、扱われてしまったりと、読んでいて辛《つら》くなる箇所が随所に見られます。

百田　書いていて、情けなくて悲しくなる時が何度もありました。

有本　現代の日本人にも当てはまる一つの弱点は、自分たちと同じ人間、同じ地平が海の向こうにも広がっているという幻想を捨てられないことにあります。なので、まさか相手が自分たちを騙そうとして提案してきているといったことが全く見抜けない。そうした計略にまんまと引っかかってしまった事象が多くあります。

百田　特に近現代史に多いですね。

有本　平安時代でも外的な襲来が眼前に見えているにもかかわらず、朝廷は何ら対策を取らず、ただ異敵退散といって加持祈禱《かじきとう》を繰り返すだけとか。

百田　古代から歴史を辿っていくと、当時の為政者たちがいかに国防を真剣に考えていたかがよくわかります。ただ、それを考えてこなかった時代がいくつかあるのも事実です。いま有本さんが指摘された平安時代をはじめ、江戸時代……。

有本　そして、いまですね。

百田　平和ボケという点では、江戸時代末期の五十年間と現在の状況が酷似している、と私は感じています。

ケインズを二百年先取りした男

有本　国防の他にも、これも日本保守党の重点政策である経済に関する記述の多さが、『日本国紀』の特徴として挙げられるのではないでしょうか。「ケインズを二百年先取りした男」として描かれている勘定奉行の荻原重秀《おぎわらしげひで》などはその一例です。彼は世界に先駆けて、マクロ経済学をいち早く理解していた人物と言えます。

百田　金本位制《きんほんいせい》が主流だった世の中にあって、「国家がこれは金だと認定すれば、石ころでも瓦《かわら》でも金になる」と信用通貨の概念をいち早く導入した慧眼の持ち主です。金の含有量を大幅に減らした貨幣を市中にばら撒《ま》いた。

有本　いまで言うところの金融緩和政策ですね。

百田　それでも荻原の読みどおり、貨幣価値は下がらず、市中に出回る貨幣の流通量が増えたことで、日本全体がデフレからインフレへ転換し、景気が回復しました。

有本　ところが、荻原と逆の考え方の新井白石などによって荻原の功績は消されてしまうんです。それればかりか、逆にあらぬ評価を下され、それがそのまま通説となって広まってしまっている。新井白石は荻原に強烈に嫉妬《しっと》したとも言われていますが。他にたとえば、近年では再評価されてきた田沼意次《おきつぐ》なども同じ例ですね。

百田　田沼意次というと、現代でも悪質な賄賂《わいろ》政治を行った人物として名高いのですが、それも当時の噂を信じた後世の誤ったイメージです。意次には領地や私財のほとんどを没収されるほど苛烈《かれつ》な処分が下されたのですが、この時、財産と呼べるものは驚くほど少なかったと言われています。

もし意次が失脚せず、幕府が彼の経済政策をさらに積極的に推し進めていれば、江戸幕府の経済が飛躍的に発展していた可能性は高いと私は思います。日本は世界に先駆けて、資本主義時代に入っていたかもしれません。田沼の行った政策を詳細に見ていくと、既存の歴史教科書の記述とは反対に、彼がいかに傑物《けつぶつ》であったかがよくわかります。

無名の兵士と「愛国」の由来

有本　『日本国紀』には、ある程度歴史が好きで知識のある人や、学生時代に日本史の成績がよかったという人でもほとんど知らない人物がかなり出てきます。または名前ぐらいは知っていて、朧気《おぼろげ》に何を行ったかわかるという人物でも「こんな功績があったの」と驚く人も結構いると思いますね。

百田 あるいは、「なぜこれがいまの歴史教科書に載っていないのか」と疑問に思う人物や事象も、すごく多く出てきます。

たとえば、大伴部博麻《おおともべのはかま》という無名の兵士です。隋《ずい》を滅ぼした唐《とう》は強大な軍事力を誇り、新羅《しらぎ》と同盟を結んで百済《くだら》を攻めます。日本は百済を助けるために六六一年〜六六二年にかけて三度兵を送ったんですが、六六三年の白村江《はくすきのえ》の戦いで、唐と新羅の連合軍に大敗を喫してしまう。

この百済救援軍に参加していた大伴部博麻は唐軍に捕えられ、長安に送られるんです。その頃、長安には捕虜になっていた遣唐使が四人いました。長安で幽閉されていた博麻は、そこで唐が日本侵略を企《くわだ》てているという情報を得るんです。「これはえらいこっちゃ！この情報を日本に教えないと、日本は間違いなくやられる」と考えるんですが、日本に帰れるだけの資金がない。

「どないしよう」と皆で悩んでいた時、博麻は「よし！ ええ方法がある。俺を奴隷として売れ」と、なんと自らを奴隷として売る策を考えます。その金を四人の遣唐使に渡して、彼らの帰国資金にしたんです。無事帰国した四人によって唐の侵略計画が伝えられ、日本は北九州沿岸に防衛基地を築く。この基地と、その任務に就《つ》く兵士を「防人《さきもり》」と言いました。

有本　奴隷となった博麻は唐で暮らしていたんですが、その後、自由の身となり、六九〇年にようやく帰国を果たしますね。捕虜となって二十七年後のことです。

百田　そこで時の持統《じとう》天皇は、博麻の国を思う心と行動に感謝し、彼に勅語《ちょくご》を送るんです（朕嘉厥尊朝愛国売己顕忠）。この勅語は、百二十六代続く天皇が一般人に与えた史上唯一の勅語です。この勅語を見ていただくとわかるんですが、「愛国」という言葉があります。これは文献上に初めて現れたものなんです。つまり、「愛国」という言葉はここからきているんです。「愛国」は、何も大東亜戦争中に造られた言葉なんかじゃないんです。一千数百年前からの言葉なのです。

有本　大伴部博麻の逸話が戦前の歴史教育では教えられていたようなのですが、戦後はその名も業績も完全に消されてしまった。

百田　日本史のなかでは取るに足りない人物と見做《みな》されたのかもしれませんが、私はこういう人物こそ歴史教科書には太字で書かれるべきだと思うのです。そして、こうしたことを知るのが「生きた歴史を学ぶ」ということだと信じています。

蒸気船を造った仏壇職人

有本　幕末でも、西郷隆盛《さいごうたかもり》や坂本龍馬《りょうま》といった幕末維新の志士たちばかりに人気が集まりますが、実は幕末に蒸気船を三つの藩が造っていることはあまり知られていませんね。それも西洋人の技術者を呼ぶことなく、自分たちで一から造っている。

百田　西洋人たちがそれを見て、「なんやこれは！」とびっくりしたぐらいです。たとえば宇和島《うわじま》藩では、藩主の伊達宗城《だてむねなり》が参勤交代の帰りに蒸気船を見て、「これか、噂の蒸気船は。これを造らなければ日本はいずれやられる」と考え、宇和島に帰るや家臣たちに蒸気船を造れる者を探して造るように命令を下す。

有本　家臣たちは困惑したと思いますね。何せ造ったことが一切ないどころか、大半の人が見たこともないものを「造れるやつを探してこい」と言われても（笑）。

百田　それでも家臣たちは必死になって探し回り、困り果てた末に城下町で何を造らせてもやたらと器用だと評判の前原嘉蔵《まえばらかぞう》という仏壇職人で提灯屋《ちょうちんや》を見つけ出し、大村益次郎《ますじろう》が翻訳したオランダの本と図面を渡して、「これを造ってくれ」と依頼。

言われた前原は、本は日本語に訳されているものの内容は一切わからず、図面を見てもさっぱり。それでも不眠不休で蒸気機関の模型を造り上げた。それを見た宗城はすぐさま彼を藩士として召《め》し抱え、蒸気船を造れと命じるのです。それまで提灯屋だった嘉蔵が、羽織袴《はおりはかま》に二本の刀を差して家に戻ったので、近所の人たちは「嘉蔵のやつ、ついに頭がおかしくなったで」と噂したと言います（笑）。

このあと、嘉蔵は苦労の末に見事に小型の蒸気船を造り上げます。ペリーの黒船が来航してわずか六年後のことです。このエピソードを知った時、私は心底感動しました。

有本　その他に、佐賀藩も薩摩藩も蒸気船を造っていますね。

百田　佐賀藩は日本で初の実用蒸気船「凌風丸《りょうふうまる》」を完成させています。藩主の鍋島直正《なべしまなおまさ》は、何度やっても失敗し、「責任をとって切腹します」と申し出た家臣たちを説き伏せ、やり抜くように命じました。また、反射炉を造り、日本人だけの手で西洋の最新式の大砲、アームストロング砲を造っています。

薩摩藩も佐賀藩に続いて反射炉の建設に着手するんですが、何度やっても失敗の連続。この時、藩主の島津斉彬《なりあきら》は、「西洋人も人なり、佐賀人も人なり、薩摩人も人なり。屈することなく研究に励むべし」といって、挫《くじ》けそうになる藩士を励ましました。そして苦労の末に、西洋式軍艦「昇平丸《しょうへいまる》」を建造し、さらに佐賀藩に先駆けて、日本初の蒸気船「雲《うん》行丸《こうまる》」を建造しています。私たちの先祖はなんて凄《すご》いんだ、と感動しますよ。

教科書の「書かない自由」

有本　いまの子供たちが、なぜか教えられていないことがたくさんあります。私たちの世代では教科書に載っていた任那《みまな》日本府についても、いまでは教科書に書かれておらず、教えていませんからね。三十代から下の世代はまず知らないですよ。

百田　そうなんですよね。任那日本府を知らないなんて、私たちの世代からすれば信じられないです。任那は朝鮮半島南部に存在したとされる日本（倭）の統治機関ですよね。当時、朝鮮半島南部は弁韓《べんかん》と言われており、日本では任那と呼ばれていて日本の領土でした。

ところが戦後になって、韓国の歴史学会が「偉大なる朝鮮半島が日本の領土として支配されていたことは気分が悪い」と、日本の歴史学会に「書くな！」と要求した。近隣諸国条項などの問題もあって、日本の歴史学会は「わかりました。消しますわ……」といって教科書から削除、それ以降、学校教育でほとんど教えられていません。

有本　当時は社会科を教える先生も戦前生まれがほとんどで、その多くが「日本と朝鮮半島は昔からこれぐらい関係が近かった」という文脈で教えていました。また、百済と日本の王朝は関係が緊密で、百済語と日本語にはかなりの共通点があった、といったことも教師から普通に聞きましたが、いまはそういうふうには教えていません。

百田　韓国では、考古学会もおかしなことになっていて、百済の地に前方後円墳が出土すると、それを潰《つぶ》すか、形を作り変えてしまうんです。百済に出土する前方後円墳は日本のそれよりもあとの時代のものなんです。つまり、日本の影響を受けている。『日本国紀』では、百済は日本の植民地に近い状況だったのではないか、といったことまで踏み込んで類推し、書きました。

唐と新羅の連合軍に攻め滅ぼされた百済を救済すべく、中大兄皇子《なかのおおえのおうじ》は三回にわたって派兵するんですが、累計でなんと二万七千人です。当時、日本の人口は約三百万人と言われていますから国民の一パーセントです。たったの一パーセントと思ってはいけません。男は人口の半分しかいません。尚且《なおか》つ、戦場で戦える壮健な年齢となると、さらにその四分の一くらいでしょうか。つまりその時点で国民の一二パーセントくらいですが、当時は国民が全員働いています。つまり余っている人はいないのです。そこに壮健な男子で稲刈りや田植えなど貴重な労働力でもあった男たちが兵士で送られるとなれば一大事です。それに軍隊には輸送や兵站《へいたん》の任務に就く者が大勢います。そういうことを考えたら、この戦いは国をあげての総力戦に近かった。

有本　しかも、渡航の成功率も低かった時代ですからね。

百田　なぜ百済再興のために、そこまでして海外派兵を行ったのか。それほど日本にとって重要な地であったと考えるのが普通です。ところが、教科書にはそうした記述がありません。

いまの歴史教科書は、たとえば南京大虐殺や朝鮮人慰安婦の強制連行といった捏造《ねつぞう》された歴史や自虐史観に基づいた偏向した歴史教育の問題は先に述べたとおりですが、実はもう一つ問題があって、それはいまのマスコミの「報道しない自由」と同じで、歴史教科書は「書かない自由」を行使しているんです。

「自虐思想洗脳」の真実

有本　「書いていないだけ」なので批判を受けることもない。自虐史観と並ぶ問題点ですね。日本保守党の重点政策では教科書検定制度（とくに歴史）を全面的に見直す（現行制度の廃止）ことを謳《うた》っています。

ここで、自虐史観に関して改めて考えてみたいと思います。私が生まれた昭和三十年代にはすでに、いわゆる自虐史観に基づいた教育が日本中で行われていたとみられているのですが、実は地域差があって、私の育った田舎ではそうした自虐史観教育が徹底されていなかったんです。ですから私の地域では学校でよく日の丸も掲げていましたし、国歌も当然歌っていました。ところが私が大学生の頃、八〇年代に歴史教科書問題が起きました。ここが一つの転換点です。

百田　私は昭和三十一年生まれですが、私が暮らしていた大阪市のケースですが、小学校時代は元旦は全校生徒が学校に集まって――もちろん家庭の都合で集まれない子供は仕方がないのですが――国旗を掲揚《けいよう》し、君が代を歌い、紅白饅頭《まんじゅう》をもらって帰っていました。

実は、日の丸掲揚や君が代斉唱の禁止など、自虐史観が学校教育をはじめ社会に強く浸透していったのは昭和四十年代になってからなんです。GHQが七年間の占領期間中にWGIP（ウォー・ギルト・インフォメーション・プログラム）によって徹底的に自虐史観を植えつけてから、一旦ゆり戻しが起こり、再びGHQの自虐史観が頭をもたげてきたのは昭和四十年代後半なんです。これは自虐史観を植えつけられた第一世代が成人して社会に出た時期と一致します。

七年間の自虐史観の強制でも、実は日本人の大半は洗脳されていなかった。それを示す証拠が、占領軍が引き上げていったあとに起きた、ある大きな社会問題に表れています。それは戦犯の赦免《しゃめん》運動です。驚くべきことに当時、日本の人口八千万人のうち四千万人の署名が集まっているんです。当時は子供の数が多く、四千万人というのは当時の成人の大半ともいえる数です。なおかつ日弁連が政府に対して赦免の提言書を出すなど、積極的な働きかけを行いました。政府でも衆参全会一致で赦免が決定。当時の日本社会党も共産党も賛成したんです。いまでは到底考えられません。

つまり、昭和二十七年当時の日本人は、東京裁判など嘘っぱちだということが皆わかっていた。ところが占領期間中は声高《こわだか》に叫ぶことができず、占領が解け、主権が回復し、自由にものが言えるようになってまず初めに行ったのがこの赦免だったのです。当時の大人たちのほとんどが自虐史観などには一切染まっていなかったということがわかります。

しかし、子供たちは違いました。何の知識も思想もない白紙の状態の子供たちは、GHQの自虐史観に見事に染められてしまいました。こうして小中学校で「日本の悪さ」をこれでもかと教え込まれた生徒たちが、やがて社会に出て大学やマスコミに就職した辺りから一斉に自虐思想が社会を覆《おお》うようになるんです。

日の丸掲揚拒絶や君が代否定、南京大虐殺、従軍慰安婦の強制連行、首相の靖國神社参拝反対——これらは昭和四十年代後半から五十年代にかけて起きています。昭和十年代後半、あるいは団塊《だんかい》の世代という「洗脳第一世代」が一斉に社会に出た時と重なるんです。『日本国紀』を書いていて、こうしたことにも気づきました。

有本　『日本国紀』には、公職追放や教職追放がどのような影響を日本社会に及ぼしたのかなど、全て書かれていますね。

私たちは何者なのか

百田　裏を返せば、この洗脳第一世代が社会から退場すれば日本は変わる可能性が高い、ということです。いま、若い世代から日本は甦《よみがえ》りつつある。日本保守党の党員も若い人たちが多い。

有本　それが日本の希望とも言えますね。

百田　そうした多くの若い人たちにも是非、『日本国紀』を読んでもらいたいですね。繰り返しますが、日本保守党の党員は必読です（笑）。

何より、この本を書く時、常に念頭に置いていたことは、「私たちは何者なのか」ということなんです。これはまさに、有本さんから指摘してもらった言葉です。歴史の一本の大きな流れを意識しながら「私たちは何者なのか」という問いに私なりに答えた本になっていますので、読者の方もそのことを頭の片隅に置きながら読んでいただけるといいかなと思います。

有本　百田さんの原稿を拝読していてフッと思い、そのことを申し上げたんです。もっと平たく言うと、どの家族にもストーリー（物語）がある。大家族のように生きてきた日本人にもストーリーがあっていいのではないか、ということなんです。

百田　そうですね。祖父母やお父さんを亡くされた家庭で、お母さんが「よく聞きなさい。お前のお父さんはこういう人なんや。そのお父さんを育ててくれたおじいちゃんはこんな人で、こういうふうにして生きてきたんや」と語り継いであげることができれば、子供も「そうか、自分はそうした家に生まれたんだな」と誇りを持てると思うんです。

ところが、いまの日本は譬《たと》えると、「僕のお父さんどんな人？」と訊いても「知らん」、「おじいちゃんは？」「そんなの知らんがな」で終わってしまうといった感じです。

有本　日本という国は島国だということもあり、良くも悪くも、大きな家族のような国なんですよね。そうしたなかで、自分たちの祖先がどのようにして生きてきたのかを知りたいと思っている人が多いのではないか。

単行本と文庫版併せて累計百十七万部が売れたわけで、これまで、いわゆる自虐史観が基になった歴史教育を受けてきたり、諸外国への誤った配慮で事実が歪《ゆが》められた「歴史」を教えられてきて、本当のことを知りたいと思う人たちがものすごく多くいるということはたしかなようです。

その強く求められている「本当のこと」とは、学者が繙《ひもと》く精緻《せいち》で重箱の隅まで含めた事柄ではなく、大きな流れとして、自分たちはどこから来てどのように生きてきた人たちの子孫なのかを知りたいという、まさに「自分たちは何者なのか」、アイデンティティの追求ということを指していると思いますね。

百田　そうした潜在的な望みを抱いている人たちが、これほど大勢いたのかと驚きました。そして、こんなにも多くの人がこういう本を待っていてくれたのかと感じています。

私は本来、作家こそ日本史の通史を書くべきだと思います。日本には近代明治以降、素晴らしい作家が大勢いるのになぜ書かなかったのか。夏目漱石《そうせき》、三島由紀夫しかりです。本来、歴史は物語なので、優れた作家がダイナミックに描く通史を読みたいと思う読者も多いのではないでしょうか。

生意気なことを言うようですが、もし仮に『日本国紀』が四百万部以上売れれば、日本の歴史観は大きく変わると思っているんです。日本保守党の党員はもちろん、一人でも多くの方に「日本人とは何者なのか」を読み解く旅に出ていただければ、と強く願っています。

第五章

末永く
見守ってください

有本 香

オールデジタル化の新党

二〇二三年十月十七日、作家の百田尚樹さんと私が立ち上げた政治団体「日本保守党」（以下、保守党）の結党記者会見と結党パーティーを行いました。この日までの準備作業が思いのほか大変で、年甲斐《としがい》もなく二〜三時間睡眠で頑張りました。

お蔭様で会見同日のうちに、NHK、共同、時事、読売、朝日、毎日と民放各社に至るまで、ほぼすべてのメディアが大きく報じてくれました。「日本保守党」が初めて主要メディアに載ることとなったのです。

九月一日の団体設立後、X（旧ツイッター）のフォロワー数で自民党を抜こうが、党員を一日で三万人集めようが、既存メディアはまったく無視だった。その状況が一転したのです。

理由は明らかでした。

この日、私たちが、ある人を日本保守党の「共同代表」に迎えたことのインパクトが大きかったからです。その人とは、日本有数の大都市である名古屋の現職市長、河村たかしさんです。

同時に、河村さん率いる地域政党「減税日本」との「特別友党関係」提携を発表し、河村さんの側近で、名古屋市の副市長を務めた広沢一郎さんをも事務局次長に迎えたのです。

保守党設立のときから、百田さんと私の「弱点」は明らかでした。

政治の実務経験がないことです。しかし、衆議院議員を五期、名古屋市長を四期務めた大ベテラン政治家、しかも世襲でない叩き上げ、選挙に強い河村さんとその側近の広沢さんなら、私たちの弱点を補完して余りある存在です。

「なぜ、河村と？」と訝《いぶか》る声もありましたが、その同じ人々がそれまで「所詮《しょせん》、百田、有本は政治の素人《しろうと》。選挙の戦い方一つもわかっていない」と当方をバカにしていたことを考えあわせると、むしろ河村さんと組んだことの威力がわかろうというものでした。

他方、河村たかし市長は毀誉褒貶《きよほうへん》の多い人ではあります。その点は、百田さんも同じなのですが、とにかく誤解を招く言動が多いのです。

名古屋外の党員の方から寄せられる声、たとえばあの名古屋弁（?）の喋《しゃべ》りはだらしなく聞こえるという意見もわかりますし、近年の「メダル噛み」やら「アッラーの神」発言はたしかにいただけないものでした。こうした「不用意発言」には、私も、僭越《せんえつ》を承知で直接、苦言を呈しております。

しかし、河村さんの優れた、いや傑出していると言っていい業績を忘れてはなりません。なぜかこれをメディアは報じないのですが。

私が河村さんの知己《ちき》を得たのは二〇一二年です。この年、河村さんはいわゆる「南京発言」で、いまでいう「炎上」をしました。ご存じない読者のために概略を言いますと、このとき、名古屋の姉妹都市である中国の南京市から訪れた使節団との面会の席で、河村さんは「（中国側の言う）南京事件（大虐殺）はなかったのではないか」と発言したのです。これ以後、地元紙の中日新聞はじめ、朝日・毎日などの全国紙も総がかりで連日の河村バッシングが続きました。もちろん、地元財界、政治関係者からも「発言を撤回し謝罪すべきだ」という圧力がありました。

しかし河村さんはどれほど叩かれようと、頑《がん》として発言を撤回しませんでした。この姿は日本の政界で稀有《けう》でした。

いまから約十一年前のこのとき、私は河村たかしという政治家に興味を持ち、初めて会って長時間のインタビューをしました。南京発言の経緯を詳細に聞くとともに、河村さんの政治信条をも初めて詳しく聞いたのです。

話を二〇二三年十月十七日の結党会見に戻します。〝河村ショック〟も手伝って、ようやく「全国メディア」に載った保守党ですが、ここまでの経緯を振り返り、整理しておきます。

本書冒頭でも述べられているとおり、事の始まりは二〇二三年六月、自民党のＬＧＢＴ法ゴリ押しに怒った百田さんが突如、「新党立ち上げ」を言い出したことでした。私がそれに賛同して、「一緒にやろう」と言ってから一カ月間はあれこれ構想を練っていました。政界関係者の話を聞き、過去の新党立ち上げについてヒアリングをし、その経緯を調べたりしてみたのですが、どうもピンときませんでした。

申し訳ないが、過去の新党の事例を知れば知るほど、興味を失っていったのです。どうせやるからには面白いことをやりたい。いままでにない本当の意味の「新党」を作りたい。そのためだったら多少の無理や苦労をしてもいい。これが百田さんとの一致した考えでした。そう悟った時点で、事情通の方の話を聞くのは打ち止めにし、選挙や政治の「事務方」経験者探しもいったんやめました。

やるべきことを整理し、そのための事務を徹底的に合理化したいと考えました。何なら、事務は私一人でも負えるようにしてみてはどうかと考えたのです。

そのために不可欠なのは完全デジタル化でした。正確に言うと、「デジタル化」ではなく、「はじめからオールデジタル」です。具体的に説明します。

「裏金化」なんて到底不可能

いまやご存じの方も多いですが、わが保守党の党員登録は、申込書の入力から党費の支払い決済までのすべてをオンラインで完了させられます。必要事項を紙に書いてどこかへ送って、お金を手渡し、または振り込んで……という従来のやり方を取っていません。

これは、システムへの初期投資費用こそ要《い》るものの、一連の作業にかかるマンパワーを必要としないやり方です。従来のアナログ方式だと何人もの事務スタッフを置かなければなりませんが、オールオンラインならその必要はありません。事務コストを極力下げるには有効な策なのですが、利点はそれ以上に多いです。

まず、党員の傾向をただちに掌握できます。党員がどの地域に何人いるか、男女比、年齢などが瞬時につかめる。党員に一斉に通信を流すこともでき、イベントへの参加募集、パーティー券を買っていただくことなどもオンラインで可能なのです。

決済の記録はもちろん、あらゆるやり取りの記録が残ります。おまけにキャッシュレスですから、「裏金化」なんて到底不可能なわけです。

このシステムを導入するにあたって、七月に業者の選定をし、詳しい打合せからカスタマイズの依頼、作業を経て、いったん完成させ、党員募集をスタートさせられたのは九月三十日でした。この準備の間も結構しんどい期間でした。

党員募集開始前に百田さんとはこう話し合っていました。

「一週間で党員が数百人というレベルだったら、いさぎよく撤退しよう。その数百人に丁寧にお詫びをし、返金して、世間にも頭を下げよう」

ところが蓋《ふた》を開けてみると、この悲観的な予想は〝見事〟なまでに裏切られました。九月三十日正午の党員登録スタートから党員の数がうなぎ上りとなり、わずか二時間後には一万人を超え、二十四時間後となる十月一日正午前に三万人を超えました。途中、あまりの勢いにシステムがフリーズ（止まってしまう）する事態にも見舞われたほどです。

翌朝、百田さんが言いました。

「とりあえず、頭下げんで済んだな。有本さん、ありがとう！」

パーティー券販売で思わぬ事態が発生

内閣府男女共同参画局の資料によると、国政政党の党員数はつぎのとおりだそうです。日本維新の会が三万九千九百十四人、参政党が三万九千五百三十人（いずれも二〇二二年十月）。現段階で保守党の党員数を上回っているのは、自民党（百十二万二千六百六十四人）、公明党（四十五万人）、共産党（二十六万人）。

二〇二四年一月現在、保守党の党員数は五万七千人を超えて増え続けています。正直、ここまでの勢いがあるとは、予想していませんでした。ありがたいと同時に、身の引き締まる思い、そして自分たちのことながら、不思議な現象を見ているような感覚にとらわれました。

この党員募集より前、九月一日にX（旧ツイッター）のアカウントを開設したときも、保守党はわずか二週間で自民党のフォロワー数を抜いていたのですが、このとき、喜んでくれる声がある一方、「所詮ネットだけの人気。ツイッターのフォロワー数なんか、実際の党勢とはまったく別」とバカにする声も少なくありませんでした。

ところが、一カ月後、党費を払って党員となろうという人を一日で三万人も獲得したときには、プロの評論家からもお褒めの言葉を多くいただくようになりました。

良いことずくめのような保守党の党員登録システムですが、実はこのとき一つ、「失敗」もありました。

「結党の集い」（いわゆる政治資金パーティー）の参加者募集、パーティー券販売を同システムで行ったところ、思わぬ事態が発生しました——。

十月四日正午、パーティー参加者募集をアップしたところ、わずか一時間でパーティー券が完売となってしまったのです。SNSには、「パーティーに参加したかったのに、気づいた時には売り切れていた」「事前に募集を行う旨《むね》のメールを党員に流すべきだ」などのお叱りを受けてしまいました。

一人二万円のチケットが数百枚、まさか一時間で売り切れるとは夢にも思わず、販売開始のボタンを押し、システムが動き出したのを見届けて、私はのんきにランチに出かけたのです。そして戻って見てみると、すっからかん。

押し寄せるメッセージにひたすら驚きました。

そもそも、もっと大きな会場を用意すべきだったことを含め、今後のパーティー開催時に改善すべき点を多々発見できたことは、チケット完売以上にありがたいことでした。

ただし、こうなると、保守党を快く思わないいわゆるアンチも勢いづきます。そんな人たちからは、「議員もいないのに金もうけだけ一人前」とか、「ネットでいくら人気があろうが、国会での議席はゼロじゃないか」「泡沫《ほうまつ》ですらないのに調子に乗るな」という〝厳しいお声〟をさんざんいただきました。

そうしたアンチコメントはおもに自民党支持者からのものでした。巨大与党の支持者が、生まれたての、それこそ「国会議員ゼロ」の政治団体相手に何をムキになっているの、と呆《あき》れ返る一方、彼らの指摘を真摯《しんし》に受け止めようとも思いました。

ネットでのこの勢いを、いかにして「議席」へと結びつけるか——。これが容易でないことは承知しながら、しかしあえてこのとき、私は様々なところで強調していました。「日本保守党は、議席だけ、選挙だけに血道《ちみち》を上げる選挙互助会にはならない」と。

日本保守党の政策

バタバタではありましたが、結党記者会見に続いて開催した「結党の集い」、初の政治資金パーティーも無事に執《と》り行うことができました。

反省点はいくつか残ったものの、事故なく盛況のうちに終わったことにホッとし、この日のことは生涯忘れないだろうと思いました。

まずは順調な滑り出しができたといえる保守党でしたが、肝心な政策はどうなのかというお声がありました。

そこで、十月十七日に発表した「重点政策項目」をこの場でも振り返っておこうと思います。私たちの重点政策は、つぎの八の題目、三十七の項目から成っています。

＊

＊日本保守党の重点政策項目（優先して取組む事柄）

1．日本の国体、伝統文化を守る

①皇室典範を改正し、宮家と旧宮家との間の養子縁組を可能にする

②名古屋城天守閣の木造復元完遂《かんすい》
③LGBT理解増進法の改正（特に児童への教育に関する条文削除）

2・安全保障

④憲法九条改正（二項の一部削除）
⑤自衛隊法改正（在外邦人、日本協力者の救助を可能にする）
⑥海上保安庁法改正（諸外国のコーストガードと同等の対処力を保持する）
⑦「スパイ防止法」の制定、諜報専門機関の設置及び関連法整備
⑧防衛研究への助成促進、防衛産業への政府投資の促進
⑨外国勢力による不動産（特に土地）買収の禁止（カナダの例を参考に）
⑩北朝鮮拉致《らち》問題解決のために、国内の北朝鮮協力者への制裁強化
⑪日本版「台湾関係法」制定

3・減税と国民負担率の軽減

⑫消費税減税……まずは八％に、そして五％へ
⑬名古屋モデルを参考に地方税減税を全国で推進する

⑭ガソリン税減税

⑮税の簡素化、不公平感の解消、労働力不足への対応のため「二分二乗制」の導入を検討し提言する

4・外交

⑯価値観外交——自由、民主主義、人権等の価値観を共有する国とのさらなる連携強化

⑰中国、北朝鮮を念頭に、近隣国での人権問題解決に向けた積極的な働きかけ（日本版ウイグル人権法、強制労働防止法制定）

5・議員の家業化をやめる

⑱国会議員の歳費、地方議員の報酬を一般国民並みの給与にまで引き下げる

⑲政党交付金を諸外国の事例に鑑《かんが》み、半額程度に引き下げる

⑳資金管理団体の「世襲」を見直す

6・移民政策の是正——国益を念頭に置いた政策へ

㉑入管難民法の改正と運用の厳正化

㉒経営ビザの見直し

㉓特定技能二号の拡大、家族帯同を許す政府方針を見直す

㉔健康保険法改正（外国人の健康保険を別立てにする）

7・エネルギーと産業政策

（日本の優れた省エネ技術を守り活用する。過度な再エネ依存は国益に反する）

㉕再エネ賦課金《ふかきん》の廃止

㉖エネルギー分野への外国資本の参入を禁止する法整備

㉗わが国の持つ優れた火力発電技術の有効活用

㉘電気自動車への補助金廃止（日本の自動車産業の不利益をつくらない）

㉙農林水産業行政の抜本的見直し（就業人口の増大と増産、国内産品の国内消費を強力に進める）

8・教育と福祉

㉚思春期の自殺（一人も死なせない）対策――公立高校入試廃止の検討

㉛教科書検定制度（とくに歴史）を全面的に見直す（現行制度の廃止）

㉜内申書の廃止、キャリア教育の拡充
㉝少子化による「大学余り」の解消。補助金を減らし統廃合を促《うなが》す
㉞留学生制度の見直し（安全保障の観点から出身国を厳選する）
㉟男女共同参画政策に関する支出の見直し
㊱出産育児一時金の引き上げ（国籍条項をつける）
㊲共同親権制度の導入（民間法制審案を軸に）

*

言うまでもないことですが、これら全てが、河村たかし市長と合意済みのものです。河村さんがリベラルで、「百田・有本とは主張が全然違う」というデマを流す向きがありますが、それは根も葉もないことです。

第三章でも百田さんが述べていますが、河村さんの過去の発言を曲解して、「河村はＬＧＢＴ推進ダー」などと騒いでいる界隈《かいわい》がありますが、これも勘違いです。

この合意に至るには、河村、広沢両氏との長時間に及ぶ協議、調整があったことも先述したとおりです。

お蔭様で、三十七項目は党員の多くに好評です。党員以外からも「保守党の政策が超まとも」というお声を多数いただいています。

今後、我々はさまざまな失敗をしながら進んでいくことと思います。しかし、今、巷《ちまた》を騒がせているような「裏金と嘘にまみれた」（河村談）集団に堕《だ》すことだけはないということをお誓いいたします。

日本を豊かに、強く――。そのために腹をくくって必死で走ってまいりますので、末永く、お見守りいただきたくお願い申し上げます。

第六章

日本保守党の原点
天皇と憲法改正

百田尚樹

目に見えない天皇の力

二〇一九年十一月十日、天皇陛下の即位を祝うパレード「祝賀御列《おんれつ》の儀」が都内の皇居周辺で行われました。その前日の九日に皇居前広場で行われた国民祭典には私も出席しまして、大変感動しました。夜空には透《す》き徹《とお》った月が輝き、天皇皇后両陛下が二重橋にお姿を見せられ万歳三唱をしますと、非常に厳《おごそ》かな気持ちになりました。

国民祭典で第百二十六代今上《きんじょう》陛下のお姿を間近で拝見し、改めて「日本という国は天皇陛下が守って下さる国だ」と実感しました。日本という国にとって、天皇という存在がいかに大きいか。日本保守党の重点政策では1・日本の国体、伝統文化を守る、としっかり明記しています。

第四章でも述べたように、私は『日本国紀』を書くため、日本史を改めて徹底的に勉強し直しました。そのなかで強く思ったことは、「この国は奇跡の国である」ということです。奇跡とは何か——。二千数百年の間、神話から繋がる王朝が古代から現代まで続き、日本という国は一度たりとも違う国に成り代わっていないということです。このような国は世界中どこにもありません。この事実を知れば、世界の人々は「ミラクルだ！」と驚愕《きょうがく》します。

日本の歴史を繙《ひもと》くと、古代の天皇は絶対的権力者でしたが、平安時代以降、皇室は後醍《ごだい》醐《ご》天皇の建武《けんむ》の新政《しんせい》といった一部の例外を除いて権力の座、すなわち政《まつりごと》から遠ざかっていました。およそ八百年間、政治的には全く無力な存在だったのです。

世界史を見ると、権力の座から降りた絶対的権力者の末路は極めて悲惨です。たとえば中国。王朝が滅ぶと同時に、その王だけでなく一族郎党、女子供まで皆殺しにされます。いわゆる易姓《えきせい》革命です。ヨーロッパも同様に、一つの王朝が別の王朝に取って代わられた途端、前の王朝は悲惨なことになります。そして、新しい王朝はこれまでとは全く異なる別の国造りを行う。これが世界の常識でした。革命が起こった場合は、中国と同様に虐殺もあります。フランス革命やロシア革命がそうです。

ところが、日本はそうではなかった。では、権力の座から追われていた天皇が八百年もの間どのような存在であったかと言いますと、権力はなくても、他の誰もが持ちえない権威を持っていました。そして時の権力者は皆、皇室に対して畏敬《いけい》、畏怖《いふ》の念を抱いていたのではないかと思うのです。だから皇室を滅ぼし、自分が皇室に取って代わろうとは誰も考えなかった。

藤原家、平家、北条家、足利《あしかが》家、織田信長、豊臣秀吉、徳川家と八百年の間に強大な力を持った者が何人も現れましたが、誰も天皇の座を奪うことはできなかった。自らは権力者として政を行う一方で、あくまでも日本の中心は皇室にある、と歴代の権力者たちは考えていたのではないでしょうか。その根底には、やはり皇室、天皇に対する畏怖の念があった。それが顕著に示されたのが、明治元年（一八六八年）一月三日の鳥羽《とば》・伏見《ふしみ》の戦いです。

尊王攘夷《そんのうじょうい》、倒幕運動が激化していった幕末。薩摩・長州《ちょうしゅう》という倒幕の雄藩《ゆうはん》が立ち上がり、最終的に江戸幕府を倒すわけですが、その分水嶺《ぶんすいれい》となったのが鳥羽・伏見の戦いです。淀《よど》城を出た旧幕府軍と、薩摩・長州の新政府軍が京都の伏見市街で激突。戦いは当初、西洋の最新式武器を装備していた新政府軍に対して数で圧倒していた旧幕府軍が優勢を築きます。

ところが、ある出来事をきっかけに形勢は一気に新政府軍に傾くのです。それは戦いの二日目に起きました。新政府軍が、朝敵を討つ時の旗印《はたじるし》である「錦《にしき》の御旗《みはた》」を掲げたのです。これによって旧幕府軍は総崩れしました。旧幕府軍側の多くの藩が「朝廷に弓をひくなんてできない！」と「朝敵」になることを恐れ、次々に新政府軍に寝返ります。淀藩などは淀城に閉じこもり、兵を一切出さず、態勢を立て直すために淀城に入ろうとした旧幕府軍を追い返しています。

結局、旧幕府軍は大坂城まで退くはめになるなど敗北は必至となります。二百六十年間も国を治めていた徳川幕府総崩れのきっかけとなったのが、八百年間、権力の座から遠ざかっていた天皇、それを象徴する「錦の御旗」だったのです。

「天皇」に込められた意味

この目には見えない天皇の力とはいったい何なのか。なぜ旧幕府軍が総崩れになったのか。天皇とはどのような存在だったのか――。こうした大事なことを、いまの学校の歴史教科書は一切教えません。政治家もほとんど知りません。

そもそも、天皇という言葉の由来を知っている人がどれだけいるでしょうか。いつ、どこで、どのようにできて、どんな意味を持っているのか、読者の皆さんはご存じでしょうか。

六〇七年、聖徳太子が隋《ずい》の煬帝《ようだい》に「日出《ひい》づる処《ところ》の天子、書を日没《ひぼっ》する処の天子に致《いた》す。恙無《つつがな》きや」という有名な手紙を出します。煬帝はこの手紙を読み、「なんて無礼な奴や！」と激怒します。この時、煬帝が「日出づる処」「日没する処」という箇所に怒ったと思っている人が非常に多いのですが、違います。煬帝が最も激怒した理由は、「天子」という言葉が使われていたからです。

当時、「天子」は中国の皇帝を指す言葉で、世界にただ一人しかおらず、それ以外のアジアの周辺国はすべて「王」という位を中国の皇帝から与えられていました。つまり、「王」は中国の皇帝が冊封国《さくほうこく》、臣下に与える位でした。卑弥呼《ひみこ》の親魏倭王《しんぎわおう》や志賀島《しかのしま》で見つかった金印に彫られた漢委奴国王《かんのわのなのこくおう》が有名です。ちなみに冊封国とは、中国王朝を宗主国とした従属国のことを意味します。厳密に言えば、奴国は冊封国ではなかったのですが、臣従国《しんじゅうこく》という意味では同じです。

「天子」と書いた聖徳太子は隋の煬帝に、「日本は決して冊封を受けない、隋と対等な国である」という気概を示したのです。煬帝は激怒するも、この手紙を無視することはせず、逆にわざわざ答礼使《とうれいし》を派遣しています。これは、当時すでに日本が侮《あなど》れない国力を持っていた証左でもあります。この時、煬帝は高句麗《こうくり》との戦いに苦戦しており、「日本を敵に回せば高句麗と手を結ぶかもしれん。そんなことになったら厄介や」と恐れていたとされています。

答礼使を派遣した煬帝は、「今後は天子という言葉を使わないように」と朝廷にかなり強く伝えます。それに対して、聖徳太子は翌六〇八年に再び遣隋使を派遣します。日本の発展のためには隋との友好関係を結んだほうが得策だと考えたからです。ここで手紙に「王」と書けば煬帝は機嫌よくしてくれる。しかし、そう書いた瞬間、日本が隋の臣下に下ることを意味します。

そこで、聖徳太子が編み出した言葉が「天皇」だったのです。聖徳太子が煬帝に送った手紙にはこう書かれています。

「東の天皇、敬《つつし》みて西の皇帝に白《もう》す」

日本の文献史上に初めて天皇という言葉が使われました。つまり、「中国の皇帝と対等の立場であり、日本は中国と対等に交渉していく」という自主独立の精神性が「天皇」という言葉には込められているのです。このようなことも歴史教科書では一切書かれておらず、子供たちに教えられることもありません。

聖徳太子が「天皇」という言葉を使って以降、それまで「大王《おおきみ》」と呼ばれていたのが「天皇」という呼称に代わりました。

ちなみに、煬帝から「天皇という言葉も使うな！」と言われたという記録はありません。

聖武天皇「責めはわれ一人にあり」

天皇に関しては、『日本書紀』を読むと歴代天皇の業績や感動的なエピソードがいくつも出てきます。

たとえば、仁徳天皇《にんとくてんのう》の「民《たみ》のかまど」の話は有名です。難波《なにわ》の高津宮《たかつのみや》の宮殿から仁徳天皇が庶民の家を眺めていたら、かまどの火がたなびかないことに気づき、「かまどで食事をつくる煙があがらないほど、庶民が食べるものに困っているのではないか」と考え、三年間、税を免除することを決めます。そして三年後、庶民の家のかまどから煙が出ているのを見て、「朕《ちん》は富んだ」と言った。

それを聞いていた皇后が「宮殿はボロボロで雨漏《あまも》りはするし、壁も破れている。あなたの着ている服もボロボロやないの。これのどこが富んだと言えるのですか」と訊くと、天皇は「民が富んだことは、すなわち朕も富んだことになるのだ」と言ったと。

この話が現代に書かれたものであれば、為政者を褒めたたえるために作られた美談だと眉唾《まゆつば》ものでしょう。二十世紀の社会主義国家には、人気取りのためこのような話が多くみられます。北朝鮮の逸話なんか全部がそれです。

しかし、当時の日本の天皇に大衆の人気取りをする必要はありません。そもそも庶民はほとんど字が読めず、またテレビもラジオも新聞も一切ない時代ですから話を大衆に広めることができない。つまり、創作する理由も手段もないのです。私は仁徳天皇のエピソードは史実だと思いますし、本心からあのような発言をなさったのだと考えています。たとえば天皇がいかに民のことを考えていたかを示すエピソードはまだまだあります。

聖武天皇《しょうむ》は、世の中の乱れを仏教で救おうと考え、全国に国分寺《こくぶんじ》・国分尼寺《こくぶんにじ》を建て、東大寺の大仏（盧舎那仏《るしゃなぶつ》）を建立《こんりゅう》しました。これらは決して自らの権力を誇示するために作ったのではなく、民を救おうとの思いからでした。災害や飢饉《ききん》が発生したとき、聖武天皇は次のような言葉を残しています。

「責めはわれ一人にあり」

自分の精神、行いが至らないからこそ世が乱れているのだと言うのです。いまから一千三百年も前にこのような為政者がいた。これが日本の皇室であり、天皇なのです。

八百年間、権力の座から遠ざけられてきたにもかかわらず、時の権力者が皇室を滅ぼし、自らが皇室に取って代わろうとしなかった理由がわかるのではないでしょうか。日本の天皇は常に国の未来、繁栄を考え祈る存在だったと言えます。

昭和天皇の涙

その存在が最も凄《すご》い形で表れたのが、昭和二十年（一九四五年）八月九日から十日でした。昭和二十年八月九日に何が起きたのか――。

当時、大東亜戦争を戦っていた日本には、もはや勝ち目は一パーセントもありませんでした。陸軍も海軍も勝てる見込みがないことはわかっており、あとはどうこの戦争を終わらせるかという状況でした。残された唯一の希望がソ連です。日本政府は、可能性は極めて低いもののソ連が仲介してくれてアメリカと講和を結ぶことに望みを託していました。そのためにソ連とも交渉を重ねていたのです。

ところが、八月九日にそのソ連が日ソ中立条約を一方的に破り、日本に攻め込んだのです。頼みの綱だったソ連が日本侵攻を開始した。さらに同日、アメリカによって長崎に二発目の原子爆弾が投下されました。

追い詰められた日本はポツダム宣言受諾の是非を決めるため、昭和天皇ご臨席の御前会議《ごぜんかいぎ》を開きます。時刻は午後十一時五十分。場所は宮中御文庫《おぶんこ》附属庫の地下十メートルの防空壕内の一室でした。

列席者は鈴木貫太郎首相をはじめ、外務大臣、陸軍大臣、海軍大臣、陸軍参謀総長、海軍軍令部総長、枢密院《すうみついん》議長の七人でした。鈴木貫太郎首相が司会を務め、「ポツダム宣言受諾」か「徹底抗戦」か、国の命運を左右する激論が交《か》わされました。司会の鈴木貫太郎首相を除く六人が、「受諾派」と「抗戦派」で三対三の真っ二つに割れます。ここでもし日本政府がポツダム宣言を受諾すれば、天皇は戦犯として処刑される可能性もありました。徹底抗戦派は「なんとしても昭和天皇の処刑を避けなければならない」と死中に活を求める覚悟で「徹底抗戦やるべし」と訴えていました。

やがて日付が変わって、八月十日の午前二時になります。その間、昭和天皇は一言も発していません。自分の命がかかった会議であるにもかかわらずです。

膠着《こうちゃく》状態が続くなか、司会の鈴木貫太郎首相が「事態は一刻の猶予も許されません。まことに畏《おそ》れ多いことながら、陛下の思《おぼ》し召《め》しをお伺いして、意見をまとめたいと思います」と発言します。そこで初めて昭和天皇は、「それならば、自分の意見を言おう」と口を開きます。そして、「自分は東郷外務大臣の意見に賛成である」と言ったのです。つまり、「ポツダム宣言受諾に賛成である」と。

陪席《ばいせき》した迫水久常《さこみずひさつね》内閣書記官長（内閣官房長官）が戦後にこの時の様子を語った肉声テープが残っており、私も文字起こしした文章を読み込みましたが、当夜の緊張感が痛いほど伝わってきます。

昭和天皇が「東郷外務大臣の意見に賛成である」と言ったあと、部屋にいた全員がすすり泣き、やがてすぐにそれは号泣に変わります。全員が声をあげて泣きました。日本が有史以来、初めて戦争に負けた。ポツダム宣言は無条件降伏です。今後、日本がどうなるか誰にもわからない状況でした。

列席者の全員が号泣するなかで、昭和天皇は振り絞るような声でこう言います。

「本土決戦を行えば、日本民族は滅びてしまうのではないか。そうなれば、どうしてこの日本という国を子孫に伝えることができようか。自分の任務は祖先から受け継いだこの日本を子孫に伝えることである。今日となっては、一人でも多くの日本人に生き残っていてもらい、その人たちが将来再び立ち上がってもらう以外に、この日本を子孫に伝える方法はないと思う。そのためなら、自分はどうなっても構わない」

この時、昭和天皇の眼鏡が曇《くも》っていた、と迫水内閣書記官長は証言しています。すなわち、涙を流されていたのです……。昭和天皇はこのとき四十四歳です。

日本政府はその日の朝、連合軍にポツダム宣言受諾を通達します。その際、「国体の護持」を保証するよう条件をつけます。言外に「天皇陛下の処刑はしないでくれ」と言ったのです。ところが、これを連合軍は一切無視し、十三日に届いた回答にも「国体の護持」を保証する文言《もんごん》はありませんでした。そのため、日本政府は十四日午前十一時に再び御前会議を開きます。この時の列席者は、九日の時の七人に加え、全閣僚を含む計二十三人でした。

「連合軍は昭和天皇を処刑する意図あり」と見て、会議は「徹底抗戦しかない」という空気で満ちていました。実際に、「本土決戦やむなし」との声が列席者からあがります。

ところが、それを聞いていた昭和天皇は静かに立ち上がって、こう言いました。

「私の意見は変わらない。私自身はいかになろうとも、国民の生命を助けたい」

二十三人の全閣僚が慟哭《どうこく》するなか、ポツダム宣言受諾が決まりました。同日閣議決定され、午後十一時に連合国側へ通達。これによって大東亜戦争は終結したのです。

終戦に至るまでこのようなドラマがあったことを日本の歴史教科書は一切書いていませんし、教えることもしません。教科書には単に、「八月十五日にポツダム宣言を受諾し戦争が終わった」と、無味乾燥なわずか一行だけです。これで歴史を学んだことになるのでしょうか。

アメリカによる日本改造

昭和二十年八月、アメリカ軍を主力とする連合国軍が日本の占領を開始します。GHQ（連合国軍最高司令官総司令部）の最大の目的は、日本を二度とアメリカに歯向かえない国に改造することでした。日本に散々煮え湯を飲まされたアメリカは、「この憎たらしい有色人種の日本人、黄色いサルが二度と白人に歯向かえないような国にしてやる」と誓います。そこで、憲法を作り替えることにしたのです。

実は、欧米が血を血で洗う大戦争を繰り返し、「戦争にもルールが必要だ」と一八九九年に採択され、一九〇七年にアメリカを含む世界四十四カ国が調印しているハーグ陸戦条約には、「戦勝国は敗戦国の法律を尊重する」と書かれています。すなわち、日本国憲法はハーグ陸戦条約違反なのです。

ところが、GHQは日本政府に対して「大日本帝国憲法を改正して新憲法を作れ!」と指示します。この時、日本は占領下で主権がありませんでした。昭和二十七年(一九五二年)にサンフランシスコ講和条約が発効するまでの七年間、日本は独立国ではなかったのです。これは非常に重要なポイントです。

時の幣原喜重郎《しではらきじゅうろう》内閣は改正の草案を作るのですが、発表前に毎日新聞に内容をすっぱ抜かれてしまいます。その内容を見たGHQ最高司令官のマッカーサーが、「なんやこの憲法、こんなん絶対に許さへんで!」「こうなったら自分たちで作ったるわ!」と激怒し、GHQの民政局に「お前たち、日本国憲法作らんかい!」と指示したのです。しかも、期間はわずか一週間。そんな短期間で一国の憲法が作れますか?

民政局のメンバー二十五人も、「そ、そ、そんなん無茶やで」とびっくりします。メンバーのなかには弁護士が数人いるだけで、しかも弁護士といっても国際法や憲法の専門家は一人もいない。あとは法律の素人《しろうと》でした。

民政局のメンバーは「どうやって作ったらええかわからへん……」となってどうしたか——。二十五人が都内の図書館でアメリカの独立宣言文やドイツのワイマール憲法、ソ連のスターリン憲法などを必死に調べて、そこから「この文章もらい」「この文章ももらい」「あ、こっちも」と都合のいい文章をコピー&ペーストして草案を作ったのです。しかも、わずか一週間です（九日という説もある）。

アメリカの独立宣言文と日本国憲法の前文を読み比べて下さい。「ここまでそっくりなのはあかんやろ。盗作ちゃうんかい！」というぐらい酷似しています。世界各国の憲法の寄せ集めで、日本の主体性、個性、文化、独特の考え方といったものが一切盛り込まれていません。

日本国憲法の正体

さらに問題は九条です。いわゆる「戦争放棄」として知られるデタラメな条項を盛り込んだ。これにはさすがの民政局のメンバーからも、「こんなことをしたら、他国に攻められた時、この国はどうやって国を守るんや。自衛の手段がないやないか。これはさすがにあかんやろ」と反対の声があがったと言われています。ところが、マッカーサーの「ええから入れろや」という強い意向で盛り込まれてしまった。

そして民政局長のホイットニー准将が麻布《あざぶ》の外務大臣官邸で、吉田茂と憲法担当国務大臣の松本烝治《じょうじ》に「これが我々がつくった日本国憲法の草案や」「これを翻訳してしっかりやらんかい！」と手渡します。草案を見た日本政府関係者は一様に、「え‼　こんな憲法を自分たちが受け入れないとあかんのか……」と愕然《がくぜん》としたとされています。

この時、ホイットニーは「よく検討しろや。もし我々の案を呑まなければ天皇を軍事裁判にかけるで」「我々は原子力の日光浴をしてるわ」などと言います。太陽の光とは言わず、わざと原子力と言った。太陽エネルギーは原子核反応によるものですが、普通の人は太陽のことをそんな言い方はしません。当然、原爆を想起させる言葉です。さらにこの時、アメリカは同時刻に東京上空にB25を飛行させてもいるのです。つまり、「我々の作った草案を受け入れなかったら、もう一発、原爆落としたるからな。わかってんのか！」という言外の脅《おど》しでした。

先ほど申し上げたように、当時日本は主権を喪失しています。GHQに睨《にら》まれたら何をされるかわからない。そのため、GHQによる日本国憲法草案を呑まざるを得なかったのです。これが、いま私たちが押しいただいている日本国憲法です。こんな憲法を七十七年間、一度も何一つとして変えていないのです。

これがいかに異常なことかは、世界の憲法を見てもわかります。世界中の国は、戦後においても何度も憲法を変えています。たとえばアメリカは六回、フランスは二十七回、カナダは十九回、韓国は九回、メキシコに至っては四百回も変えている。四百回変えるって、もともとの憲法がどんな酷《ひど》いものだったのかと思いますが（笑）。ちなみに、日本と同じく占領軍に憲法を押し付けられたドイツは六十五回も改正しています。

私の尊敬する憲法学者の西修《にしおさむ》駒澤大学名誉教授が、日本国憲法が施行されてから三十七年後の一九八四年にアメリカに渡り、日本国憲法の草案を作った元民政局のメンバーの何人かに会って当時のことを訊《たず》ね、非常に重大な証言を得ています。この時、会った全員が一様に「え！ 君ら、まさかまだあれを使っているのか」と言ったといいます。

彼らは、日本が四十年近く経っても、自分たちが作った憲法を使っているとは夢にも思っていなかったのです。憲法の専門家でもない自分たちが、たったの一週間でまとめあげたものなのですから当然です。作った本人たちがあくまで占領下の暫定《ざんてい》憲法だと考えておりサンフランシスコ講和条約を締結して日本が主権を回復させた時に、自分たちの憲法を作るであろうことを想定していた。ところが、四十年近く経ってもまだあれを使っていた。それは「なんでや！」と驚きますよ。それどころか、それからさらに四十年経っても、一字一句変えていない。誰がどう考えても異常です！

安倍総理が二〇一七年五月三日に「九条の一項、二項を残し、自衛隊を明文で書き込む」という案を提示されました。これは妥協的な改正です。日本保守党では重点政策として憲法九条改正（二項の一部削除）としていますが、情けないことに、それは難しい状況です。しかし自衛隊を明記するという、たったこれだけのことさえできないとは、なんという体《てい》たらくでしょう。いったい、この国はどうなっているのかと思います。

岸田総理をはじめ自民党の議員は口では「憲法改正をやります」とは言いますが、完全に口だけです。野党も論外。たとえ朝日新聞をはじめ日本の全左翼メディアから袋叩きにあっても、「憲法改正を進めなければダメだ」「国民投票を早くやるべきだ」と主張し、実行する侍はいないのでしょうか！

遺書を書いた自衛隊員

自衛隊が憲法で認められておらず、また交戦権がないためどれだけ酷い状況が起きているのか、ほとんどの日本人が知りません。

たとえば一九九三年、自衛隊が初めてＰＫＯ（国連平和維持活動）に派遣されたカンボジアでの出来事です。民主化の選挙を行うために、自衛隊がＰＫＯ派遣されました。この時、ポル・ポト派のゲリラによる選挙妨害が相次ぎ、日本人ボランティアと文民警察官が殺害される事件が起きました。

「ボランティアの選挙監視人の命をどうやって守ればいいのか」ということが論議された時、国会でどんな話が行われていたか。驚くべきことに、「あ、その時は現地の自衛隊員にしっかり守ってもらったらええやん」との意見が大勢を占めたのです。

呆《あき》れ果てます。ゲリラが襲撃してきても、自衛隊員たちは武器を使用して彼らと交戦できません。憲法上できないからです。法律上も武器使用に厳しい制約が課せられていました。「どうやって守ったらいいのか……」と、現地の自衛隊員たちは青ざめます。守る術《すべ》がない。しかし、選挙監視人たちを守らなければ民主選挙が行われない。自分たちが守らなければ、多くのボランティアが命を失う危険性が高い。そこで自衛隊員たちが考えに考えた末たどりついたのが、「人間の盾になる」という苦肉の作戦でした。

ゲリラが投票場を襲撃した際、自衛隊員たちが真っ先にゲリラの前に飛び出して標的となる。そして、ゲリラが発砲すれば、自らを防衛するための正当防衛として、初めて武器使用が可能になる。先に撃たれて何人かは死ぬかもしれない。でも、それしか守る方法がなかったのです。

この作戦のために、現地の部隊では精鋭のレンジャー隊員ら三十四名がリストアップされ、その隊員たちは妻や子供に遺書を書き残しました。現地はこのような状況だったのです。「九条があっても自衛隊は日本を防衛できる」と主張する国会議員や評論家連中は、このような現実を知っているのか。自衛隊員の身になって考えたことがあるのか。

「髭《ひげ》の隊長」で知られる佐藤正久参議院議員が、第一次イラク復興業務支援隊の一佐としてイラク派遣の出発前、こう誓っています。

「一人も殺させない。必ず全員生きて連れて帰る」

大変な決意です。この言葉の重みを国会議員にはもっと考えてもらいたい。国民の皆さんにも知っていただきたいのです。

憲法九条がなければ救えた命

九条に縛られた自衛隊の限界を象徴する事件として、能登半島沖不審船事件があげられます。

一九九九年三月二十三日の朝に、自衛隊の哨戒機《しょうかいき》が佐渡沖と能登半島沖の日本領海で、相次いで二隻の不審船を発見しました。

海上保安庁と自衛隊は巡視船十五隻と航空機十二機を動員して、不審船を追跡。海上保安庁は何度も「止まりなさい」と停船命令を出しますが、不審船は応じることなく、延々十時間以上にわたって海上保安庁を挑発するように逃走を続けました。

不審船発見から十二時間後の十八時過ぎに、首相官邸別館にある危機管理センターに官邸対策室が設置されます。

海上保安庁はようやく威嚇《いかく》射撃をしますが、法律上の制約から船に銃撃することはできません。不審船は、日本政府が威嚇射撃しかできないことを知っているので、全く停船しません。しかも、実はこの威嚇射撃すら憲法違反なのです。憲法九条にはこう書かれています。

「武力による威嚇又は武力の行使は、国際紛争を解決する手段としては、永久にこれを放棄する」

つまり自衛隊の威嚇射撃は、「武力による威嚇の行使」にあたります。憲法九条の下《もと》では自衛隊は本来、不審船に対して威嚇射撃すらできないのです。

話を不審船に戻します。夜間に入り、不審船が速度を上げ、海上保安庁の巡視船が引き離されました。また二隻のうちの一隻は取り逃がしたため、自衛隊の護衛艦が残りの一隻を追跡することになりました。この時、官邸対策室では戦後初めての「海上警備行動」の発令が検討されます。ところが、時の官房長官で親北朝鮮とも言われていた野中広務《ひろむ》が発令しないように圧力をかけました。国賊と言っても過言ではありません。

そして、二十三時過ぎ、不審船が突然、停船します。おそらく、エンジントラブルではないかと見られています。その一時間後に、ようやく戦後初めてとなる海上警備行動が発令されました。追跡開始から十五時間が経過、「官邸は何をしとったのか」と呆れます。

そこで、日本の護衛艦は不審船に接近して臨検を行うことを決めます。ところが、相手は不審船です。銃で武装していてもおかしくない。乗り込んだら撃たれる可能性が極めて高い状況にありました。しかし、護衛艦には防弾チョッキが一着もなかった。それでも、護衛艦に乗船していた自衛官二十四人全員が「私が行きます」「私に行かせてください」と志願しました。選ばれた自衛官たちは、艦内にあった分厚い漫画本や雑誌をガムテープでぐるぐる巻きにして、防弾チョッキ代わりにしたのです。まさに決死隊でした。

ところが、いざ不審船に乗り込もうとしたその時、不審船はエンジンが直ったのか、再び逃走を開始します。護衛艦も追跡を続けたのですが、不審船が防空識別圏外の海域に出たため、それ以上の追跡を断念せざるを得ませんでした。

この時の不審船は、九九・九パーセント北朝鮮の工作船でした。そして、不審船のなかには拉致《らち》された日本人がいた可能性があったと言われています。もし憲法九条がなければ、船のエンジンを狙って撃つなどして彼らを捕まえ、拉致されていた日本人を助けることができたはずなのです。

私は法律の専門家に訊きました。

「もしこの時、不審船の甲板《かんぱん》に拉致された日本人がいて、護衛艦や哨戒機に、助けてくれ、というサインを送っていた場合、自衛隊は不審船を撃つことができるのか？」

答えは、なんと「NO」でした。これが「平和憲法」と言われる九条の実態なのです。日本人を守るどころか、むしろ危険に晒《さら》し、敵国を利する条文なのです。

もし今、仮に北朝鮮や中国が日本の領土に攻撃を仕掛けてきたらどうなるのか。「九条があっても自衛隊は国を守れる」などと言っている連中は、「ほら自衛隊、頑張れや」と無責任に言うでしょう。でもいまの憲法下では、自衛隊はほとんど何もできないのです。両手両足を縛られて戦えと言われているようなものです。

そしてもし仮に、日本の自衛隊員が日本の民間人を守るために敵国の兵士を撃ち殺したとしたら、その自衛隊員は日本の人権派弁護士たちから殺人罪で告訴され、有罪になる可能性が極めて高いのです。なぜなら自衛隊は憲法上では軍隊ではないので、戦闘状態になっても国内法に準拠して行動しなければならないからです。

こんなデタラメな憲法を未だに一字一句変えていない。異常というほかありません。

このままでは、私たちの先祖が築き上げてきた「奇跡の国・日本」は危機的状況に陥《おちい》ります。繰り返しますが、日本保守党では憲法改正を重点政策として掲げています。日本を守るために一日も早く憲法改正をしなければならないのです。

第七章

日本保守党が世界最高の国を守る

百田尚樹

日本人の優しさ、モラルの高さ

これまで繰り返し述べてきたように、日本は世界最高の国、そして奇跡の国です。そんな素晴らしい国を私の代で潰《つぶ》してしまいたくない、守りたい。ただ、その思いから日本保守党の結党を決意しました。

第六章では二千数百年の間、神話から繋がる皇統の継続性から日本がいかに奇跡の国であるかを綴《つづ》りました。本章では、明治維新以降に絞って、この国の奇跡を皆さんと共に振り返りたいと思います。日本という国を知る上で、知っておくべき重要な史実です。

日本では百五十五年前に明治維新（一八六八年）を迎えましたが、それまで江戸幕府が支配していた二百六十年間はいわゆる鎖国状態で、ヨーロッパの文明はほとんど入っていませんでした。外洋に出ていける大型船はなく、鉄道どころか馬車も製鉄所もなく、ものを大量生産する工場なども一切ありませんでした。

庶民の暮らしも、欧米からは百年以上遅れていました。湯を沸かすのも火打石《ひうちいし》で火を点《つ》け、燃料は薪《まき》でした。庶民は時計を持たず、夜は魚の油を使った行灯《あんどん》くらいしか照明器具はありません（ロウソクは非常に高価で、庶民はまず使えなかった）。近代医療もなく、教育も寺子屋までです。科学技術もほとんどなく、物理学と化学と工学の知識は皆無でした。もちろん、軍事的にも欧米諸国とは比べ物にならないほど劣っていました。明治維新が起こった頃の日本はそういう国だったのです。

話は少し脱線しますが、明治維新から約八十年後、第二次世界大戦が終わって、アジアやアフリカの国々が独立しました。日本をはじめとする先進諸国はそれら発展途上国に様々な援助をし、技術を与えてきました。ダムを作り、発電所を作り、工場を作り、道路や橋を作りました。つまり、手取り足取り、発展に力を貸してきたわけです。

しかしそれから半世紀以上が過ぎても、それらの国々で先進国の仲間入りをした国はひとつもありません。文明が遅れていた国が先進国になるのは、それほど難しいのです。

ところが、百五十年前の日本はそうではありませんでした。科学文明的には欧米諸国に大きく遅れてはいましたが、文化や教養は欧米に引けを取るものではありませんでした。高等教育は受けていないものの、庶民の識字率は高く、出版文化も盛んで、教養もありました。

ピタゴラスの定理まで書かれていた数学本『塵劫記《じんこうき》』は、江戸の庶民の一家に一冊はあったと言われるほどの大ベストセラーでした。

また、物理学や化学はありませんでしたが、からくりの技術などは非常に高度なものがありました。

もっと凄《すご》いのは、社会的な成熟度（民度）です。ペリーが驚くほど町の治安がよく、当時は江戸から京都まで女性が普通に一人で旅をすることができました。同じ頃、イギリスではロンドンを一歩出ると何が起こるかわからないほど治安が悪かったのです。

なぜ日本の治安がよかったのかといえば、警察機構がしっかりしていたからだけではありません。人々のモラルが高かったからです。幕末に日本を訪れた外国人たちが一様に驚いたのは、日本人の優しさと思いやりの心でした。家に鍵もかけないのに、泥棒がほとんどいなかったのです。

また、日本人は大変勤勉でした。約束はきっちりと守り、仕事は手を抜かず、責任感も強かった。明治維新後、凄《すさ》まじいまでの勢いで欧米の文化と技術を吸収し、自力で発展できたのは、こうした日本人の性格と優秀さがあったからにほかなりません。

なんという凄い国か！

日本で初めて鉄道（新橋－横浜間）が敷かれたのは明治五年（一八七二年）です。明治維新から五年もかかったんだなあと思われるかもしれませんが、その五年（実質三年ちょっと）は大変な時代でした。

明治元年はわずか二カ月。官軍と幕府軍が戦った戊辰《ぼしん》戦争が終結したのが明治二年六月です。全国の殿様が治める藩を廃止したのが明治四年です（最初の廃藩置県《はいはんちけん》）。

その間、国内の政治体制は整わず、社会は混乱し、経済的にも苦しく、国際関係も外交も不平等条約で大いに苦労していた時代です。それを考えれば、たった五年で鉄道を走らせたというのは、とてつもなく凄いことなのです。

繰り返しますが、明治維新になるまで、国民の大半が鉄道など見たことがなく、大型鉄製品もなく、土木工学もなかった国です。国民の約九割が百姓で、武士は刀を差して歩いていた国です。

言うまでもなく、鉄道敷設《ふせつ》は大事業です。まず、線路用地を確保しなければなりません。土木工学が必要ですし、土地の高低差を計算する正確な測量技術も欠かせません。また、レールのために大量の鉄が必要です。

それまで科学技術も工学も製鉄所もなかった国が、維新の大混乱のなか、実質わずか三年あまりでそれをやってのけたのです。これは驚嘆すべきことだと思います。しかもこのとき、多摩川を列車が渡れる橋まで作っているのです（最初の橋は木橋でしたが、のちに鉄橋に付け替えられています）。

そして、そのわずか十七年後に、新橋から神戸までの東海道線（五百キロを優に超えます）が開通しています。その六年後に、初めての電気鉄道が京都を走行しています。驚くべきことに、その頃にはほぼ全国に鉄道網が敷かれていました。なんという凄い国でしょう！

また、鉄道が敷かれたのと同じ明治五年、現在、世界遺産に登録されている富岡製糸場が作られ、明治十三年には日本初の近代製鉄所である釜石製鐵所が操業を開始しています。

こうして日本は懸命に近代化を目指しますが、同時に教育にも力を入れました。明治四年に文部省を作り、明治五年には学制が定められました。そして明治十年には東京大学が設立されました。江戸時代からわずか十年足らずで、日本は一気に近代国へと変身したのです。

名も無き多くの国民の優秀さ

もちろん簡単な道程ではありませんでした。多くの優秀な若者たちがドイツやフランスやイギリスに留学し、最先端の学問や技術を学んで帰国して、祖国発展のために尽くしたのです。彼らはいずれも江戸時代に生まれた者たちです。いまのように簡単に外国へ行ける時代ではありません。

外国語を教える学校もなければ、教師もいないし、辞書もありません。そんな厳しい環境のなかでも、彼らは必死で語学を学び、近代の欧米諸国にわたって、様々なものを吸収していったのです。

それも自らの成功や金儲けのためではありません。彼らを動かしたのは、ただただ祖国日本を欧米に負けない国にするんだという気概です。

日本の近代化はこうした男たちによって成し遂げられたのです。しかし、こんな男たちが百人や二百人いたところで、これほどのスピードで近代国家にはなりません。政府や官僚がどれだけ真剣であっても国は動きません。これは、第二次世界大戦後のアフリカやアジア諸国を見れば一目瞭然です。

つまり、日本が凄まじい勢いで近代化に成功したのは、名も無き多くの国民が非常に優秀であった証拠です。こんな凄い国はどこにもありません。

しかし、当時の世界は弱肉強食の時代でした。欧米の帝国主義と覇権主義が横行し、日本は自国を防衛するために富国強兵政策を取らねばなりませんでした。そうしなければ、欧米列強に呑み込まれてしまうからです。

事実、明治維新が起こるはるか以前に、アフリカと南アメリカはすべて欧米の植民地とされ、明治維新の直前には東アジアの国々も呑み込まれつつありました。マレーシアはイギリス、カンボジアとベトナムはフランス、インドネシアはオランダ、フィリピンはスペインの領土となりました（タイは緩衝地帯《かんしょう》として残されました）。中国でさえ、アヘン戦争後、欧米諸国に領土をどんどん侵食されていました。極東に位置する日本は欧米列強が最後に狙った国でした。

欧米諸国が国を乗っ取るときは、ほぼ必ずその国に内戦を起こさせます。本来なら、国民がひとつになって共通の敵（欧米諸国）と戦わねばならない時に、同じ国民同士が争い、国がボロボロになってしまうのです。そこに、近代兵器をもった欧米諸国がやってきて、その国を簡単に支配してしまうというわけです。

しかし、日本はそうなりませんでした。勝海舟《かつかいしゅう》が無益な戦いとなる内戦を回避し、江戸城を無血開城したのです。もし幕府が徹底抗戦し、その結果、もしも幕府軍と官軍の両方が共倒れのような形になっていれば、日本の国力は疲弊し、その後、欧米諸国に簡単に乗っ取られ、東アジアの国々のように食い物にされた可能性もあります。あるいは、ベトナムのように欧米の保護国になっていたかもしれません。

もっとも、一説には、戦えば幕府軍が圧勝していたのではないかとも言われますが、そうなっていたらその後の歴史はどう動いたかは神のみぞ知る、です。

世界が驚倒した日本の勝利

維新後、徳川家の再興を願って一部の幕府軍が抵抗しましたが、それは局地戦にすぎず、国が真っ二つになるほどの内戦にはなりませんでした。

こうして日本は東アジアで唯一の独立国となりましたが、欧米の圧力はじわじわとアジアに押し寄せます。繰り返しますが、十九世紀というのは、本当にルールなどはまったくない、ただ強い国が弱い国を蹂躙《じゅうりん》するという恐ろしい時代だったのです。それが悪いことだという概念は一切ありませんでした。当時はそれが普通のことだったのです。

そして明治三十七年、南下政策を取り続けていたロシアと日本の間に戦争が起こりました。これは明治維新以来、最大の危機でした。この戦いに敗れれば、日本はロシアの属国となっていたかもしれません。

しかし、日本は超大国のロシアに勝利しました（実質は引き分けに近い勝利ですが）。世界最強と言われていたバルチック艦隊を全滅させた「日本海海戦」は、世界の海戦史上に残る大勝利となりました。

世界は驚倒しました。あのナポレオンでさえ勝てなかったロシアに、東洋の小さな島国が勝利したのですから。欧米諸国は、日本はロシアに敗れて滅亡するだろうと思っていたのです。四十年前には蒸気機関もなかった国がロシアに勝てると考えるほうが不思議でしょう。この勝利で、世界における日本の地位は飛躍的に上がりました。

それから十五年後、日本は第一次世界大戦後の大正九年に作られた史上初の国際平和機構である「国際連盟」の常任理事国、四カ国の一つに選ばれたのです。

二百年以上もいわゆる鎖国をし、西洋の科学文明はほとんど入っていなかったアジアの小さな島国が、強大な欧米列強から独立を守ったばかりか、わずか半世紀あまりで、「国際連盟」の常任理事国に上り詰めたのです。

資源も何もなく、またそれまで科学テクノロジーもなかった国が、ただひたすら国民の勤勉と努力のみで、しかも不平等条約をかかえたなかで、欧米先進諸国と肩を並べたどころか、ほとんどの国を抜き去ったのです。

こんな国は、世界を見渡してもどこにもありません。また明治維新から百五十年経ったいまも、これほどの近代化に成功した国はどこにもありません。私たちの遠い先祖は真に偉大な人たちでした。

幕末から明治、そして明治から大正にかけての日本人の頑張りを見ても、この国はまさしく「奇跡の国」としか思えません。そしてその奇跡は、二十世紀にもう一度、行われるのです。

大東亜戦争を戦ったのは誰か

第一次世界大戦から二十三年後に行われた大東亜戦争で、日本はアメリカとイギリスの連合軍によって木っ端微塵《こっぱみじん》にされました。

ここで一つ、お伝えしたいことがあります。それは、あの大東亜戦争を戦った日本人は誰かということです。

実は、あの戦争を戦ったのはほとんど大正世代の男たちでした。大正は十五年しかありませんから、すごく短い。大正生まれの男子の総数は約一千三百四十万人です。

大東亜戦争では約三百十万人の尊い命が失われました。三百十万人のうち八十万人は一般市民ですから、戦場で亡くなった人の数は二百三十万人です。そして、この二百三十万人のうち大正世代は二百万人いました。

平均すると、大正世代の男たちの六、七人に一人が戦場で亡くなっていることになります。さらに言うと、もっとも戦ったのは大正の後半生まれ（八年〜十五年）の男たちです。

彼らの四人に一人くらいが亡くなっている。これは大変なことです。

私の父親は大正十三年生まれ。実際に戦場に行って大東亜戦争を戦った人です。三人の伯父《おじ》も大正生まれで、皆戦争に行きました。私の父親や伯父の世代、大正世代というのは、大局的にみて若いときにほとんどいいことがなかったのです。

日本は大東亜戦争で三年八カ月戦いましたが、その前から日中戦争で十年戦っています。つまり日本は十四年間、ずっと戦争していたのです。ですから大正世代が物心ついたときから日本は戦争をしていたことになります。

二・二六事件のような恐ろしい事件もありましたし、治安維持法ができたり、国家総動員法が成立するなどしました。そういういわば暗い時代のなかで、彼ら大正世代は青春を過ごしました。自由を謳歌《おうか》するような華やかな青春時代とはほど遠かったと思います。いまの私たちとはまったく違う青春時代を送ったのです。

そして二十歳になると、赤紙の召集令状が届き兵隊にとられます。ビルマ、レイテ島、フィリピン、満州……いたるところで、地獄の戦争を彼らは戦いました。

あれほどの戦いを繰り広げながら一九四五年、日本は降伏します。戦場でなんとか生き永らえた人たちは、ようやく日本に帰ってきます。

祖国の喪失

普通の国であれば、あれほどの戦争を戦った兵隊さんに対して、「よく戦ってくれました」「ご苦労様でした。あとはゆっくり休んでください」とねぎらいの言葉をかけるでしょう。ところが、彼らが帰国すると、そんな言葉をかけてくれる祖国はどこにもありませんでした。なにもかも、なくなっていたのです。東京は焼け野原、都市部は空襲でことごとくやられています。実家に戻ると、家が燃えてなくなっている。あるいは両親が空襲で亡くなっている。そして、戦前勤めていた工場、会社もなくなっている。

どれほどひどい状態だったか、一例を挙げると、アメリカは一九四五年五月に、日本を爆撃目標リストから外したほどです。ほとんど焼け野原で、これ以上爆撃するのは爆弾がもったいないと考えたのです。

終戦直後、雨風をしのぐ家さえない人が百万人以上いました。一九四五年九月の時点で、失業者は一千万人。さらに海外から人が戻ってきますが、当然、彼らにも仕事はありません。当時、日本の食料自給率は七〇パーセントです。つまり、自前の食料だけでは、日本の人口七千二百万人のうち三〇パーセントが餓死してしまう状況だったのです。

日本は当時、世界最貧国でした。アジア、アフリカ全部ひっくるめて日本が一番貧しかったのです。ゼロからのスタートではありません。日本は莫大な賠償金を背負わされ、大きなマイナスからのスタートでした。

アメリカ軍が占領軍としてやってきたとき、日本のあまりの惨状を見て、「日本は五十年経っても、一九三〇年の生活水準に戻るかどうか」と言ったといいます。

他人のために生きた世代

ところが、日本は敗戦からわずか二十年足らずの一九六四年、東京オリンピックを開き、ホスト国として世界の国々を招きました。さらに同年、「夢の技術」と言われ、当時はアメリカ、イギリスでさえもなしえなかった時速二百キロで走る鉄道・新幹線を開通させました。

この頃、GDP（国内総生産）で戦勝国のフランス、イギリスを追い抜き、アメリカに次ぐ世界第二位の経済大国になります。これは奇跡です。どうして、それだけの経済大国になることができたのか——。

周知のとおり、日本は資源などほとんど出ません。先述したように、食料を自前で賄《まかな》うこともできない。日本は世界からたくさん借金をして、石油、鉄を買う。買った原材料を国内で加工して、商品にして、世界に売る。輸入した額と、商品の輸出額の差額が日本の儲けになる。そのわずかな儲けを貯めて、貯めて、わずか二十年で日本はアメリカに次ぐ経済大国になりました。

当時の日本人はどれだけ働いたのだろうと思います。もちろん、日本人全体が働いたのですが、もっとも働いたのは誰か。実は、その多くが大正の世代だったのです。敗戦した一九四五年時点で、大正世代は二十歳〜三十四歳。最も働き盛りだった。そうです。彼らこそが、戦後の日本を立て直したのです。

私の父親は家が貧しかったので、高等小学校を卒業して、すぐに働きに出ました。父親の家が特別貧しかったわけではありません。大正世代はみんなそうでした。夜間中学を卒業して二十歳になると、兵隊に取られます。日本が敗戦し、戻ってきたら働いていた会社も工場も燃えてなくなっていた。

不幸だったのは男だけではありません。大正世代の女性もまた大変な苦労をしました。二百万人の男が亡くなったということは、二百万人の夫、恋人、兄、弟を失ったわけです。私の母親は大正十五年生まれで、結婚は遅いほうでした。おそらく、同世代の男性が大勢亡くなったからでしょう。

大正世代は、明治以降の百五十年の歴史のなかで最も不幸な世代です。しかし、最も偉大な世代です。彼らをひと言で言えば、「他人のために生きた世代」です。

私はこの豊かな日本に生まれ育って、今日、幸せに暮らせていることを、彼らに日々感謝しています。私を育《はぐく》んでくれたのはそうした大正生まれの両親であり、家族ですが、私は「日本という国家に育てられた」という思いが強くあります。

そして、この日本に生まれたからには、たとえ小さなことでも、あるいは一つでもいいから、何か日本のために、あるいは社会のためになることをしたい。あの偉大な世代が再建してくれた素晴らしい日本を、守り、少しでも豊かに、強くしたいのです。

まもなく六十八歳になる私には、大正世代のような力はありません。でも、「やろう」という努力はすべきだと思うのです。

国会では日本を破壊する政策が次々と推し進められています。いまやらなければ十年後、この日本という素晴らしい国は消滅の危機に瀕しているでしょう。

このままでは、あの世で親父や伯父に会った時に顔向けできません。先人たちに合わせる顔がありません。

日本保守党の代表として、党員の皆さんとともに力を合わせて世界最高の国・日本を守りたい。絶対に守ってみせる。いまはその一念です。

第八章

令和の衆愚政治論

百田尚樹

間接民主制の恐ろしさ

皆さん、突然ですが立憲民主党の議席数をご存じでしょうか。百三十三議席です（衆議院九十五、参議院三十八。二〇二四年一月現在）。私はかねてから「自民党は九割クズ、立憲や共産などの野党は十割クズ」と言ってきました。もちろん十割クズは私の主観以外のなにものでもありませんが、その十割クズの立憲が百三十三議席も獲得しているのです。前回二〇二一年十月三十一日に行われた衆議院選挙で立憲は公示前の百九議席から十三議席減らしました。これに対して「立憲、惨敗」と報道されたのですが、私は全くそう思いませんでした。むしろ「あんなクズみたいな政党が九十六議席も獲得したのか」と信じられない思いでした。つまり、きつい言い方をしますと二〇〇九年の悪夢の民主党政権誕生の時のような過ちを犯すほど国民もバカではなかった一方で、国民はあの立憲に九十六議席も与えてしまう程度のバカだとも言えるのです。

間接民主主義（間接民主制）は様々な政治形態のなかで、最も欠点が少ないとされ、日本だけでなく多くの民主主義国で採用されています。しかし、「最も欠点が少ない」とされている間接民主主義について、私は選挙が行われるたびに思い悩むことがあります。あえて名前を挙げますが、新潟五区の米山隆一氏が当選を果たした二〇二一年の衆議院選挙。これを皆さんはどう思うでしょうか？　米山氏は新潟県知事時代に、マッチングアプリで知り合った女子大生二人に金品を渡すなどして買春し、知事を辞職した人物です。その米山氏が当選して国会議員になる……。よく「選挙は国民の民意だ」と言います。すると、米山氏を当選させたことは「民意」ということになってしまいます。

私は米山氏に直接お会いしたことはありません。例の女子大生買春事件以前には、彼に対して何も言ったことはありません。にもかかわらず、米山氏は私に対して新潟県知事時代から「百田尚樹は危険人物」などとツイッター（X）で散々悪口を書き、氏は知事を辞任したあとも執拗《しつよう》に私に対する誹謗《ひぼう》中傷をツイッター上で繰り返しました。その他の言動をみていても、米山氏は議員以前に人として完全に失格だと思っています。あのような人間に投票する人がいること自体、信じられません。

私が米山氏を批判する大きな理由の一つが、彼には政治的な定見が全くないということがあります。二〇〇五年、最初の選挙は自民党から出馬し、二〇一二年は日本維新の会、そして民進党、立憲民主党と理念も考えもバラバラ。

主張も同様で、たとえば「原発は絶対に賛成だ」と言ったかと思えば「絶対に反対だ」と言ってみたり、コロコロと一八〇度違うことを平気で言います。一本筋の通ったところが全くないのです。そういう人は、議員以前に人として全く評価できません。

同じ年の衆議院選挙の静岡五区で当選を果たした細野豪志《ごうし》氏にしてもそうです。平和安全法制が可決される時、国会前でSEALDs（シールズ）やデモ隊と一緒になって「安保法制反対やー！　戦争法案反対や！！　アベ政治を許さない！！」と絶叫していたのに、民主党の人気がなくなると、今度は小池百合子氏が立ち上げた「希望の党」にいち早く入党、ちゃっかり幹部に収まると、一変して「安保法制賛成」と言い出す始末です。

もっと呆《あき》れたのは、同じように民進党（旧民主党）から希望の党に入りたいと言ってきた元同僚議員に対して、「安保法制反対と言っている奴らは入れない」と言い出しました。小池氏の「排除」発言が飛び出し、安全保障政策や憲法観に基づき合流する議員たちの〝選別〟を図ったのです。その〝選別〟を行ったのが細野氏でした。信念を捻《ね》じ曲げ、さらには自分の過去を棚に上げ、昔の仲間たちを上から目線で品定めする。醜悪《しゅうあく》極まりない行為です。私はあの光景を見て、芥川龍之介の『蜘蛛《くも》の糸』のカンダタを思い出しました。

地獄の血の池地獄に苦しむカンダタを見て、お釈迦《しゃか》様が一本の蜘蛛の糸を垂らすのですが、それに飛びついたカンダタは必死でその糸にしがみついて地獄を脱出しようとします。ところが、他の者もその糸にしがみついて昇ってきます。カンダタはそれを見て、「この糸は俺のもんや。お前ら、糸から手を放せ」と怒鳴ります。その瞬間、糸は切れて、カンダタも地獄の池に落ちるのですが、細野氏はカンダタよりもしたたかで、今度は希望の党に未来がないとなるとさっさと逃げ出し、二階俊博元幹事長を頼って自民党にちゃっかりと入党を果たしました。こんな人の政治的な思想や公約など信用できるわけがありません。

もちろん、人間ですから間違いや誤りは誰にでもあります。「君子豹変《くんしひょうへん》す」という言葉もあるように、「自分が誤りに気付いたら考えを改める、これもまた立派な君子である」という見方もあります。

しかし、その場合は自分がなぜ間違っていたのか、なぜこちらが正しいとわかり、考えを変えたのかなど、しっかりと総括しなければなりません。ところが、平気で一八〇度意見を変える人に限って、過去の過ちを認めることも総括も一切やりません。これは有権者をバカにしているとしか思えません。

細野氏に限らず、ほとんどの国会議員が所詮《しょせん》、保身しか考えていません。こんな連中が平然と当選するのです。それだけ投票する人がいるということです。ここに間接民主制の恐ろしさの一端が窺《うかが》えると思うのです。つまり、暴論を承知で申し上げると、「バカが大勢投票するとバカが選ばれてしまう恐ろしさがある」ということです。

具体例を挙げましょう。この三十年間で最も投票率が高かったのは、二〇〇九年に行われた選挙です（投票率六九・二八パーセント）。何の選挙かわかりますか？　そう、民主党に政権交代し、悪夢の民主党政権が誕生した時の選挙です。

あの時、メディアはまさに朝から晩まで「政権交代やー！」と狂ったように報道していました。テレビのコメンテーターも「民主党や！」の大合唱。すると普段、選挙に行かない有権者が「今度の選挙は面白そうやな、行こう」「なんかわからんけど、今回の選挙は盛り上がっているから行ってみよう」とがんがん投票して、この三十年で最高の投票率となりました。そうした人たちの大半が民主党に入れたため、民主党は三百八議席（改選四百八十議席）もの圧倒的勝利を収めたわけです。

この時に当選した民主党の議員の大半が、どうしようもない議員たちでした。特に、「小沢ガールズ」と呼ばれた議員たちのレベルの低さは悲惨でした。投票率が上がると、こうなってしまうことがあるのです。

同じく、この三十年間で二番目に高い投票率だった選挙は何か。それは二〇〇五年に行われた小泉郵政選挙です（投票率六七・五一パーセント）。

小泉純一郎総理が、「これは郵政解散や！　郵政選挙や！　郵政民営化に賛成しなかった奴には公認を与えない。刺客《しかく》を送り込むで！　自分は自民党をぶっ壊してでもやるんや！」などと言ってメディアも大々的に報道。それを受けて、「小泉さん、かっこええなー」「普段、選挙行かへんけど、今回の郵政選挙は投票するで」「ようわからんけど既得権は打破せなあかんやろ」「郵政民営化、なんかわからんけどええやん」とこれまたがんがん小泉自民に投票し、二百九十六議席（改選四百八十議席）を獲得し圧勝しました。

その結果、大量の「小泉チルドレン」が誕生しましたが、読者の皆さんもご存じのように、彼らのほとんどが無能のアホでした。つまり、投票率が上がったせいで大量のアホ議員が当選したという見方もできてしまうのです。

テレビしか見ないで投票すると

前回二〇二一年十月の衆議院選挙の投票率が五五・九三パーセントで、戦後三番目に低いものでした。選挙後には「また五〇パーセント台だった……」と、政治に対する関心の低さを憂《うれ》う声が見られました。

二〇一六年に改正公職選挙法が施行され、現在は国民の権利として十八歳以上の男女に投票権が与えられています。日本保守党の党員には若い方も大勢おられます。そのことを承知の上であえて申し上げますと、はたして投票権をそんなに与えていいものかという気もするのです。

というのは、国民の約半分は何も考えず、もっと言えばテレビを見て投票しているとしか思えないからです。なかにはテレビしか見ないで投票する人がいます。これは若者よりも年配に圧倒的に多いと思うのですが。

ワイドショーの司会者が「安倍はダメや！」と言えば、

「そうやな、安倍はダメやな」

「モリカケはとんでもないことや！」

「そうやな、モリカケはとんでもないことやな」

「サクラはあかんで！」

「そうやな、サクラはあかんな」

「パーティー券『裏金問題』でも安倍派はあかん！　やっぱり安倍はダメやったやろ！」

「そうやな、やっぱり安倍はダメやったな」

「安倍もいわば共犯やで！」

「そうやな、安倍も共犯やな」

炎上覚悟で敢《あ》えて言いますが、投票権を持つ国民の半数がこの程度だ、と私は思っています。そうした人たちも一票持っています。そして、そうした人たちが投票すると投票率が上がりますが、これは実は恐ろしいことで、その結果、「えらい政権できてしまったで！」「なんやこの議員、酷《ひど》いもんが大量当選したで！」といった事態になる危険性があります。

日本保守党の事務総長を務めるジャーナリストの有本香さんは、政治の現場を取材し何人もの政治家とも直接やり取りをして、いつも鋭い記事を書いています。その有本さんの持つ一票と、朝から晩までテレビを見て、新聞もテレビ欄しか開かず、「あ、また韓流やってるでー！　楽しみやわー」と喜んでいるだけのおばちゃんの持つ一票は同じなんです。これが民主主義の良いところでもあり、恐ろしいところでもあります。

もちろん、国民はみんながみんな政治なんかに関心を持てません。それぞれ生活があり、家族を養っていかなければならない。日々暮らしていくことに必死ななかで、政治的なニュースにも強い関心を持てというのは無理な話です。私自身、若い頃は生活に追われて、政治のことなどまったく関心がありませんでした。ですから、そうした人たちを非難する気は毛頭ありません。

私が気になるのは、そうした人たちが選挙に行くとき、いったい何を基準に投票するのかということです。インターネットがこれだけ発達したと言っても、日本は未だ圧倒的にテレビが力を持っています。だから、「テレビでこの人あかん言うてた」とか「この人よくテレビで見るから」「テレビに出てる人やから」とか、その程度で決めてしまう人が多い。投票率が上がると、そういう人が大量に選挙に行くことになり、その結果が先に述べたようなことに繋がります。ちなみにテレビは日本保守党を一切取り上げません。それはもう見事なほどに。

では、投票率が下がるとどうなるのでしょうか。実は、これまた大変危険な要素を孕《はら》んでいます。

というのは、公明党や共産党といった組織票が強い政党が躍進してしまうからです。それこそ、「組織のためなら命もいらん」「嫁を売ってもええ」「給料の半分は寄付してもええ」という強固な組織命の票がものを言う選挙になってしまいます。

いずれにしても、間接民主主義とは実は大変な危険性を孕んでおり、衆愚《しゅうぐ》政治に陥《おちい》る可能性が常にあることを忘れてはなりません。一種のポピュリズムです。古代ギリシャは直接民主制ですが、当時から衆愚政治に対する危惧《きぐ》は指摘されていました。

思えば、日本で初めての選挙が行われたのは、一八九〇年（明治二十三年）の衆議院議員選挙です。あの時、投票権は直接国税を十五円以上納めている満二十五歳以上の男子に限られていました。その数は約四十五万人で、当時の全人口のわずか約一・一パーセントに過ぎませんでした。

この選挙では、和歌山一区からは陸奥宗光《むつむねみつ》が初当選を果たすなど、当時の国会議員は総じていまの国会議員よりもレベルが高かった。そこで、これも暴論ですが、人口の一パーセントの人が投票したからよかったという見方もできてしまうのではないでしょうか。

「小泉進次郎氏」か「共産党」を選ぶ選挙区

二〇二一年の前回選挙で立憲民主党が議席を減らしたことは冒頭で述べました。その原因の一つとして共産党と手を組んだことで立憲支持者も愛想《あいそ》をつかしたと見る向きもありましたが、これと同じようなことは、実は自民党にも言えると私は思っています。

そもそも、自民党と連立を組む公明党は基本政策で考えが異なっています。本来ならば、自民党と公明党が各選挙区でそれぞれ候補者を立て、正々堂々と政策論争をして国民に選択させる必要があるのに、

「お互いが出たら血が流れるから、選挙で勝つために手を結ぼうや。ここの選挙区は自民党が出るから、公明党さん応援してや。公明党さんの票ちょうだい。頼むわ」

「わかったわかった。ええで、ほんならあの選挙区は自民党さん譲って。うちが出るから応援してや。ええやろ」

「わかった。ええよ、ええよ」

こんなことが各選挙区で長年平気で行われてきているのです。有権者を愚弄《ぐろう》していると

しか思えません。その結果、選挙区によっては「公明党か、共産党か」を選ぶ選挙区までありますす。あるいは、神奈川十一区のように小泉進次郎氏か共産党かを選ぶ選挙区だったり、和歌山三区のように二階俊博氏か共産党を選ぶ選挙区など、「なんじゃこれ、選びようがない」という選挙区も全国には多い。

実際、「入れる人がいない」という声をよく聞きます。そうした声が日本保守党の立ち上げを強く後押ししたわけですが、私は以前、「この人にはなってほしくない」という候補者を選べばその候補者の票が減る、という制度を提案していました。たとえば、「立憲民主党の福山哲郎氏には絶対当選してほしくない」と思って福山氏に投票したら、福山氏の票が一票減るとか。まあ実現は難しく半分冗談ですが、それぐらい「入れるところがない」という選挙区があるのも事実です。

立憲民主党と共産党の選挙協力を「何やってんねん」と、同じようなことをやっている自民党や公明党は批判する資格がありません。圧倒的多数の自民党が、圧倒的少数の公明党に政策で大きく左右されている現状に「おかしいのではないか」と自民党支持者も疑問に感じているはずです。

自民党が「こうしよう」と言っても公明党が「わし反対や」と言ったら、「公明党さんは反対ですか。わかりました。ほな、これやめますわ」と。こんなおかしいことがあるでしょうか。

もし自民党が、「アホか、公明党！　何を言うてんねん。自民党はこれやるで！」と言おうものなら大変なことになります。

公明党は、「そんなんやるんやったら、次の選挙でわが党の支持母体である創価学会は応援せえへんで。自民党さん、ええんやな。覚悟しいや」と脅《おど》してくるのは目に見えています。

そうなると、自民党は「そ、そ、それは困ります。公明党さんの言うこと聞きます。堪《かん》忍《にん》してください」となってしまいます。

パーティー券裏金問題を受けて公明党の山口那津男代表は「同じ穴のムジナに見られたくない」と自民党を批判しました。普通、そこまで言われたら「連立解消や！」と自民党は怒って当然でしょう。ところが何も言わない。「選挙で公明党さんに応援してもらわれへんかったら困る。わし落選してまうやん」という恐怖心があるからです。

ＬＧＢＴ法案も公明党の票ほしさで反対できなかった自民党議員もいたようです。こんなことが現実に行われているのです。そして、この公明党がまたとんでもない親中、媚中《びちゅう》政党というたちの悪さ。新疆《しんきょう》ウイグル自治区や香港などでの深刻な人権侵害行為を非難する国会決議案「対中非難決議」でも、公明党の顔色を窺って出せなかった現実がありますす

（自民党のなかにもそれに反対していた親中、媚中勢力がいますが）。

自民党に投票してきた人にとったら、「もう自民あかんわ」となって当然です。そうした自民党に対する消極的支持者が大勢いると思います。むしろ、そんな自民党に完全に愛想をつかした人のほうが多いかもしれません。

世襲議員が八割の恐ろしい国に

しかも、いまや自民党の国会議員の約三割が世襲で、国会議員全体でも三割超が世襲という、日本は他の民主主義国家と比べて世襲議員比率が圧倒的に高い。まるで各選挙区が個人の所有物と化しているかのようで、いずれは七割、八割が世襲議員で占められてしまうでしょう。もはや政治家が「家業」と化しているのです。第三章で簡単に触れましたが、私は政治家が劣化した大きな原因は世襲にあると思っています。敢えて言います。世襲ではない議員より世襲の議員は程度が低いのではないか。そうした程度の低い連中が政治の主要ポストを占めているのがいまの日本です。

たとえば岸田文雄総理は三代目の世襲議員です。祖父の正記《まさき》氏、父の文武《ふみたけ》氏も衆議院議員で、父方の叔母《おば》の夫も法相を務めた宮澤弘参議院議員です。その弘氏の兄が元総理大臣の宮澤喜一氏と、まさに「華麗なる政治家一族」。ゆくゆくは総理秘書官を辞めた四代目の岸田翔太郎氏も、官邸でバカ騒ぎしたほとぼりが冷めたら国会議員になるでしょう。「あんなアホボンでも国会議員になれるのか」と疑問に思った読者の皆さん、なれるんです。なれてしまうんです！　広島の選挙管理団体が地元の票をがっちりと固めているなど、もう「なれるようになっている」仕組みなんです。仮にどんなバカが出ても選挙でほぼ間違いなく通る。

世襲候補者の大半は何の勉強もしていません。「どうせ親父が引退したら政治家になるもんねー」「親父が後を継がせてくれて楽に政治家になれるからええわ」といった調子で何も考えていない。またそうした連中は親のコネをつかって名のある超一流企業に就職することが多い。テレビ局や商社や広告代理店など、そこで彼らが仕事ができようができまいが関係ないんです。

いま女性初の総理大臣などと一部で囁《ささや》かれている小渕《おぶち》優子氏もそうです。父親は言わずと知れた小渕恵三《けいぞう》元総理です。優子氏はＴＢＳに就職して、三年で辞めて親父の事務所の私設秘書になっています。

小渕総理が急死した後、「優子さん出て下さい」「はいはい、わかりましたよ～」とヒョイと出て、ヒョイと当選するわけです。特に「親父が亡くなった。弔《とむら》い合戦だ」と聞くと日本人はそういうのが好きですから「お父さんを亡くして若い娘さんが頑張ってはる。一票入れたろ」「可哀相やから」と政策などは一切見向きもせずばんばん投票する。選挙をやる前から当選確実なんです。

で、当選した後、何をしましたか？　パソコンのハードディスクをドリルで穴をあけて証拠隠滅をはかったとかなんとかで、「ドリル優子」という渾名《あだな》を賜《たまわ》ったぐらいでしょう（ドリルで穴をあけたのは小渕氏の秘書からパソコン処理を依頼された業者であって、小渕氏本人ではないのでこの渾名は気の毒と言えば気の毒ですが）。小泉進次郎氏にしても、もし民間の企業にいたら、どんな企業にいてもまるで使い物にならないレベルだと私は思っています。

ところが、いま世論調査をすると「次の総理候補」として必ず上位を占めるのが、小泉氏、石破茂氏、河野太郎氏の「小石河」連合です。全員が世襲議員でみんなどうしようもない連中です。令和の世でもこんなのが総理候補の上位を占めるのですから、選ぶ有権者にも問題があると言わざるを得ません。

思えば二〇〇九年に民主党に政権交代した時、民主党の連中があれほど愚かでなかったら政治が変わったかもしれなかった。ところが、あの時、政権をとった民主党の連中は自民党以上に愚かだった。有権者は「うわーこんな大バカやったら、まだ自民党のほうがマシャった」とまた自民党に戻ってしまったんです。もし民主党政権が「世襲禁止」といった制度を作っておけば大きな遺産として残ったのですが。しかし民主党政権でも「世襲禁止」は絶対にやりません。なぜなら鳩山由紀夫氏をはじめ当時の民主党にも世襲議員が大勢いたからです。愕然《がくぜん》としませんか？

立憲民主党は二〇二三年十月に国会議員が政治団体を親族に引き継ぐことを禁止する政治資金規正法改正案を提出し、「世襲抑制法案」などと胸を張りましたが、この法案が成立しないことは彼らもわかってやっていることが見え見えです。もし本気なら立憲民主党は今後、世襲議員を一切認めない。現役の世襲議員も辞めます、と宣言したらいい。でも絶対にしない。やはり選挙のためのポーズに過ぎません。

階級社会が固定化

選挙区の問題も深刻です。ほとんどが世襲議員で占められているので、志《こころざし》があってもなかなか出馬できないのです。特に野党の政治家にはその不満が強いのではないかという気がしています。

たとえば、松下政経塾出身の政治家です。私は松下政経塾出身の政治家の大半がどうしようもないダメ議員だと思っていますが、彼らは松下政経塾に入った当初は志も高く、日々切磋琢磨《せっさたくま》したはずだと思います。ところが、いよいよ選挙に打って出ようと思っても、自民党では出馬することはできません。気持ちは保守であっても、自民党の公認はまずもらえません。

「ここは○○さん家が代々押さえてるとこやから、あかんよ」

「ここは△△さんのお嬢さんが出るから、あんたはダメ」

と公認してもらえません。

「え？　今回、引退される□□さんにはお子さんはいませんよね？　どうしてダメなんですか？」

と聞いても、

「弟さんの息子が出るから、あんたは無理やで」

こんな感じで、世襲議員によって押さえられてしまっている。そうなれば、無所属か一部の野党から出るしかない。こんな現実を見れば、たいていの人は自民党に対していい思いは持ちません。

「なんや自民党は、選挙区の区割りを好き放題世襲で相続しやがって。遊んどったバカ息子に公認与えて、勉強して努力してきたわしが出馬できへんて、こんな理不尽なことあるか！」

自民党に対するルサンチマン（怨念）を抱く人が出てもおかしくありません。そう思ってみると、松下政経塾出身者や野党議員のなかには自民党がとにかく大嫌いで、親の仇《かたき》のような憎しみを持っている議員も少なくありません。政策なんかそっちのけで、とにかく自民党に反対する。これらはそうした恨みが蓄積されたものなのかとも邪推したくなるほどです。

実際、戦後七十八年が経った今、この既得権の構造が固定化されつつあります。七十八年前、敗戦によって焦土《しょうど》と化した日本が戦後復興するなかでは、公職追放などもあって弱肉強食の世界を勝ち抜いた実力者が次々と現れました。ところが、戦後五十年、六十年、七十年と時が経つにつれて、一種の階級社会が固まりつつあります。

これを打破するためには有権者が「世襲議員には絶対に投票しない」という方法があります。世襲というだけでその候補者には投票しないと決めるのです。乱暴な方法ですが、これぐらいのことをやらないといまの酷い選挙制度は変わりません。

実は、世襲の問題は政治の世界に限りません。芸能界や経済界など多くの分野で二世、三世が非常に増えています。大物タレントの息子や娘というだけで下駄を三つも四つも履《は》かせてもらい、簡単にテレビに出られたり、ドラマや映画に出演できてしまう。

もしかしたら、日本人は民族的に二世、三世が好きなのかもしれません。それほど多くの二世、三世を目にすることが増えています。

国会議員がよく「誰でも等しく平等にチャンスを」などと言いますが、政治の世界も含めて日本の社会全体が平等主義から離れつつあります。これは大問題だ、と私は思っています。だからこそ日本保守党では重点政策として、「議員の家業化をやめる」ことを掲げました。国会議員の歳費、地方議員の報酬を一般国民並みの水準にまで引き下げる。政党交付金を諸外国の事例に鑑《かんが》み、半額程度に引き下げる。資金管理団体の「世襲」を見直す、といった内容です。賛同してくださる人、多いのではないでしょうか。

社民党の意見など聞くな！

「平等」と言えば、テレビが選挙の時に見せる平等主義は完全にインチキです。

選挙前には党首討論番組のようなものが行われますが、こういう番組は、なぜか自民党も立憲民主党も公明党も共産党も社民党もＮＨＫ党もれいわ新選組も、どの政党も喋《しゃべ》る時間がだいたい同じに決められている。これっておかしくないでしょうか。

三百人も議員がいる政党の議員と、五十人しか議員がいない政党の議員や二人しか議員がいない政党の議員が、スタジオでそれぞれ同じ人数で対等に話しているというのは、平等主義と言いながら、実はものすごい不平等主義です。まったく民主主義ではありません。民主主義なら、スタジオに揃える議員の数もそれぞれの得票率に合わせて配分すべきで、それが物理的に無理なら、発言時間に差をつけるべきなのです。

もっと大胆に言わせてもらえば、社民党なんかの意見はもう聞く必要がない、と私は思っています。

そもそも国会で「政党」として認められるのは、所属する国会議員の数が五人以上か、所属国会議員が一人以上、かつ、次の三つのいずれかの選挙における全国を通じた得票率が二パーセント以上のもの、という決まりがあります。

・前回の衆議院議員総選挙（小選挙区選挙又は比例代表選挙）
・前回の参議院議員通常選挙（比例代表選挙又は選挙区選挙）
・前々回の参議院議員通常選挙（比例代表選挙又は選挙区選挙）（以上、総務省より）

社民党の議員数は、福島瑞穂氏を含め二人。二〇二二年の参議院選挙で得票率が二パーセントに満たなければ社民党は政党要件を失う崖っぷちでした。結果は、比例代表で一議席を獲得、得票率も二・三七パーセントと二パーセントをわずかに超え、国政政党の政党要件を維持したのですが、今後も党存続の危機は続く。

本来なら、こんな政党の党首をテレビに出して自民党と同じ時間喋らせる必要などないのです。「福島さん、どう思いますか？」と福島氏の考えを聞く必要も一切ありません。福島氏は「少数意見を取りあげろ」と主張しますが、「ちょっと待ってくれ」と言いたくなります。

得票率二パーセントの意見というのは、本当に少数意見なのでしょうか。たとえば、中学校のクラスに五十人いたら（いまは少子化でこんな大勢のクラスはありませんが）、二パーセントというのはそのうちのたった一人です。皆さんも中学時代を思い返してもらいたいのですが、いつの時代でも五十人に一人くらいは無茶苦茶な意見を言うバカがいたはずです。他の四十九人がうんざりして、「あーまた、こいつが無茶苦茶言い出したで」という存在です。

マンションでもそうです。五十世帯の住人がいて、総会に各家庭から一人ずつ出席して会議を行ったとします。そこで「今度こういうことやります」となった時、「俺、それ嫌や、反対！」と言う奴が必ずいる。「ああー、またあの人か……」と皆が顔をしかめる。どうにも対処のしようがない厄介者がいるわけです。二パーセントというのは、そういう数字なんです。

五十人に一人しか理解できない意見、九八パーセントが「納得できない」という意見は耳を傾ける意見ではなく、これはほとんどノイズと言えるものです。

こんなことを言うと、「弱者を切り捨てるのか！」と怒鳴る人がいます。以前、ある野党議員とこの話題を議論したとき、彼は顔を真っ赤にしてこう言いました。

「もし障碍者《しょうがいしゃ》に優しい社会を作りたいと考えても、彼らが国民全体の二パーセント以下なら、彼らに対しての政策はやらなくていいということか！」

こういう意見こそ、屁理屈《へりくつ》です。

バリアフリー化をはじめ、障碍者に優しい社会を作りたいと考えているのは二パーセント以下の障碍者ではありません。私も含めて、それ以外の多数の健常者だってそう考えています。つまり、その意見は決して二パーセントの少数意見ではないのです。

私が言っているのは、「二パーセント以下の人しか賛意を得られない意見」は無視していいのではないか、というものです。誤解していただきたくないのですが、これは少数意見の切り捨てではありません。

さらに突っ込んで言えば、一見、正しく美しい言葉に見える「少数意見を大切に」という言葉も、本当は危険な面を孕《はら》んでいます。

というのは、一〇〇パーセントの人が満足できる政策や施策など、この世に存在しないからです。現実の政治がそんなものを目指せば、あらゆる議論が前に進みません。

ところが、いまの日本の政治は二パーセント、いや時には一パーセント以下の反対で、物事が前に進まないことが多々あります。マンションの総会で、「一世帯の反対者が出ましたので尊重しなければなりませんから、今回、この話はなかったことにします」といった感じに物事が全く決められず、進まない。

「一所懸命説明しているのに、あの人また反対や言うてるで。このままでは何も進まない。今回、圧倒的多数が賛成なので、あの人の意見は切り捨てましょう」

これを政治が行ったらどうなるか。特に自民党がやったらどうなるか。全メディアが「強行採決だ！」「数に物を言わせて横暴だ！」と朝から晩まで大バッシングです。

すると、多くのテレビ視聴者は「強行採決はあかんわ、自民あかんわ」と流されてしまう——。この繰り返しなんです。

もうここまで来たら、大炎上覚悟で言います。テレビしか見ないバカが増えると日本は終わります！

東大出のバカども

その意味ではエリートを育てなければならないのですが、日本では真のエリートが育たない。「エリートの象徴」でもある東大出身者も、いまやバカが多い。

国会議員でいえば、先の米山隆一氏や立憲民主党の小西洋之氏、原口一博氏、共産党の志位《しい》和夫氏、社民党の福島瑞穂氏、官僚でいえば〝貧困調査〟で有名な前川喜平《きへい》氏もみんな東大です。そういえば、旧民主党の鳩山由紀夫氏も東大です。

いずれも、真のエリートとはかけ離れている連中ばかりです。おそらく受験勉強しか取り柄《え》のなかった無能でしょう。たまたまひどい例ばかり挙げてしまったかもしれませんが、こんな例がたちどころに浮かんでしまうのが現実です。

「ノブレス・オブリージュ」という言葉があります。身分の高い者はそれに応じて果たさなければならない社会的責任と義務があるという、欧米社会における基本的な道徳観を指した言葉です。

貴族制度や階級社会がいまも色濃く残るイギリスでは、上流階層にはこのノブレス・オブリージュが浸透しており、「自分は恵まれた貴族という特権階級に生まれた。だからこそ自分には大きな責任があるんだ」と考える傾向があるとされています。特権を享受すると同時に、責任も負うという考えです。

ところが、いまの日本の国会議員の多くは、議員という特権だけを享受し、責任を一切果たさない。どうしようもない議員が多すぎます。

かつて陸軍士官学校や東京帝国大学を出た先人たちには、ノブレス・オブリージュの精神がありました。「自分はエリートとして生まれ、その責任もしっかり背負って生きていく」という意識がありました。

たとえば、岸信介総理は旧制第一高等学校から東京帝国大学を出て、農商務省に入省。商工大臣として東條英機《とうじょうひでき》内閣で入閣した岸は、戦時中の一九四四年七月、サイパン島陥落を受け、「このままでは本土爆撃が繰り返される」と東條に講和を要求、それに対して東條は「お前が辞職しろ」と迫りました。

これに対して、岸は「絶対に辞任しない」と断固拒否。東條側近の四方諒二《しかたりょうじ》東京憲兵隊長が岸宅に押しかけ軍刀を鳴らしながら、「いざとなったらお前を逮捕する」「場合によっては斬り殺すぞ」と威嚇《いかく》するも岸は動じることなく、逆に四方を一喝して追い返しました。そのため、内閣不一致により東條内閣は倒れる。まさに命懸けで政治を行っていたことが窺えます。

さらに戦後、六〇年安保で、十万人を超えるデモ隊が首相官邸を取り囲んだ時のことです。

警視総監の小倉謙《おぐらけん》が「ここはもう危険です。もし暴徒が乱入してきたら総理の命が危ない。他の場所へ移って下さい」と頼むと、岸総理は「ここが危ないというならどこが安全だというのか。官邸は首相の本丸だ。本丸で討ち死にするなら男子の本懐だ」と言って、実弟の佐藤栄作と「俺たち、ここで死んでもいいじゃないか」とブランデーを酌み交《く》《か》わしたという逸話があります。

「この安保法制は日本のために絶対に必要なんだ。そのために俺は殺されてもいい」という覚悟を持って政治を行っていた。

いま、こうした肝《きも》の据《す》わった政治家が日本に一人でもいるでしょうか。「俺は火だるまになっても、日本のために憲法改正を成し遂げるんだ」という覚悟と気概、実行力を持った政治家がいるでしょうか。

メディアで猛バッシングに晒《さら》され滅茶苦茶に叩かれようが、たとえ次の選挙で落とされようが、日本のために断固として改正を成し遂げるという肝の据わった政治家が数人でもいたら、憲法改正の発議《ほつぎ》はできたはずなんです。それを誰もしなかった。

憲法改正やるやる詐欺

「憲法改正」と口では言っても、誰も実行しない。それはなぜか。もしそんなものを率先してやれば、その議員は野党やメディアから総攻撃され、次の選挙で落選させられる可能性が高くなるからです。つまり議員にしてみれば、「憲法改正のために自分が議席を失うのは割に合わん」というものでしょう。

国会議員という特権だけを享受し、「自分は国民から選ばれた国会議員なんだ。だから憲法改正をする責任があるんだ」ということはほったらかしのまま今日まで来てしまった。岸のお孫さんである安倍晋三さんもそこまでの肝は据わっていなかった、と言わざるを得ません。

第二次安倍政権において六回の国政選挙で自民党が大勝した背景には、安倍さんの人気の高さということもありますが、人気が高かった大きな理由の一つには「安倍さんなら憲法改正をしてくれる。だから応援しよう」という思いが多くの人にあったと思うのです。

ところが、選挙に何度も大勝したにもかかわらず、結局、憲法改正の発議をしてくれなかった。与党で三分の二を確保していたのですから、やろうと思えばできたはずです。「野党が議論を拒否した」とか「憲法審査会が行われなかった」といった言い訳は通りません。

がっかりした支持者も多かったように思います。私はそのことを直接、総理時代の安倍さんに言いました。「憲法改正やるやる詐欺だ」と。安倍さんは黙って聞いておられた。あのような不幸がなければ三度目の総理就任があったでしょう。その時は憲法改正を成し遂げてくれたかもしれない。つくづく無念でなりません。

岸田総理は「憲法改正を必ず行う」と口では言っていますが、全く実行に移す気配がありません。そもそも憲法改正に否定的な公明党と連立を組んでいる限り憲法改正はできないと言えます。

いまや中国の脅威をはじめ日本を取り巻く安全保障環境の厳しさは格段に増しています。本章で大炎上覚悟で私が数々の暴論を申し上げた理由はここにあります。

「衆愚政治」を行っている余裕は、日本にはもはやないのです。

第九章

核を正面から論ず

百田尚樹

日本のタブー

ロシアによるウクライナ侵略をきっかけに、テレビや新聞、国会でも、戦争とは何か、国の安全保障はどうあるべきか、戦争を抑止するには何が必要か、戦争を終わらせるにはどうすべきかといったことが議論されるようになりました。

しかし、テレビや新聞、国会の議論が必死になって避けている話題があります。それは「核」です。核兵器についての議論をテレビも新聞も全くと言っていいほど報じません。国会でも全く議論されません。それどころか、相変わらず「核なんて、議論することも考えることもけしからん」と、何としても封じようとしているように感じられます。

日本には「持たず、作らず、持ち込ませず」の非核三原則があります。これに「議論せず」を加えて四原則、「考えさせず」を加えて五原則だという指摘もあります。それほど日本人にとって核は避けて通りたい問題なのです。

世界史上、核爆弾が実戦で用いられたのは日本だけであり、世界で唯一の被爆国ということもあって、日本では戦後七十八年間、核を公の場で議論してはならないとする風潮が強くありました。

そうしたなか、安倍元総理が二〇二二年二月二十七日、アメリカの核兵器を同盟国で共有する「核シェアリング」(核共有)の議論をタブー視してはならない、と提起。すると案の定、核へのアレルギー発言をする政治家が続々と現れました。

野党第一党である立憲民主党の福山哲郎元幹事長は四月一日の参議院本会議で、「核共有を議論する場面ではない。(中略)日本が核共有の議論をすることでNPT体制に傷をつけ、アメリカを信頼していないと誤解を与え、おそらく中国・北朝鮮・韓国も黙っていない。アジアの安全保障環境は、より不安定化する」と批判。泉健太代表も、「ウクライナ危機に合わせて議論することは絶対に許されず、明確に間違いだ。『核兵器があれば攻められることがない』というのは幻想だ」「立憲民主党は非核三原則を守る平和のための政党であり、日本が危険な道に進まないために力を尽くす」と述べ、安倍発言を批判しました。

日本共産党の志位《しい》和夫委員長もまた、「非核三原則を国是とする日本でこんな議論をすることを絶対に許すわけにはいかない」と批判し、穀田《こくた》恵二国対委員長も、日本維新の会の松井一郎代表(当時)が「核共有」議論を国会ですべきと述べたことに対して、「核兵器を使うのは断じて許されないという世界の流れに逆行する犯罪的な発言だ」と批判しました。

野党だけではありません。公明党の山口那津男代表は、核共有について「非核三原則を堅持していくことから、認められるものではない」と批判、自民党も国防部会長を務める宮澤博行議員が「日本にそぐわないというのが（党内の）大勢《たいせい》。核共有ではなく拡大抑止をどうするかという論点へ移る」と発言。

そして、肝心の岸田総理までが核共有を「認められない。少なくとも非核三原則の『持ち込ませず』とは相いれない」（三月七日、参議院予算委員会）、「政府として議論することは考えていない」（同二日、参議院予算委員会）と明言したのです。

思えば、中川昭一自民党政調会長（当時）が北朝鮮の核実験に関連して、二〇〇六年十月十五日のテレビ番組で「核を巡る議論は大いにすべきだ」と発言した時も、野党だけでなく自民党内からも批判の声が湧き起こり、中川議員は袋叩きにあいました。

中川氏の発言から三年後の二〇〇九年、北朝鮮が二度目の核実験を行い、日本の安全保障が危機に晒《さら》され、一部から「核の議論をすべき」との声が上がった時も、〝防衛通〟と称される石破茂元防衛大臣が朝日新聞に登場して、こう述べています。

「敵基地攻撃なんていう現実性のないことを言っていてどうする。（中略）北朝鮮が核実験をしたら、急に世論が沸騰し、やれ核兵器保有だ、やれ敵基地攻撃だというと『日本はこんなこと言っているから、（六者）協議から外そうよ』となっちゃう」（二〇〇九年五月二十九日付）

こんな人物が日本の国会議員の〝防衛通〟というのですから呆《あき》れます。「防衛」のことなどなにも理解していません。

あれから約十四年、いま現在進行中のウクライナ危機をうけても日本の核アレルギーは全く変わっていません。事ここに至っても、核について「議論すらしない、絶対にさせない」のが日本の国会議員です。完全に思考停止に陥《おちい》っていると言わざるを得ません。

核兵器の「矛盾」

そもそも核兵器とは何か。まず言えることは、人類史上最大の攻撃兵器だということです。これほど攻撃力を持った兵器は他にありません。

と同時に、核兵器は最大の戦争抑止兵器でもあります。

「これはどんな矛《ほこ》でも打ち破れない最強の盾《たて》やで」と盾を売っていた武器商人が、一方では「この矛はどんな盾も打ち破る最強の矛やで」と言って矛を売る。それを見た村人が「おいおい、その最強の盾と最強の矛をぶつけたら、どっちが勝つんや」と突っ込みを入れ、商人が言葉に詰まったという逸話で有名な「矛盾《むじゅん》」という言葉は、武器から生まれました。

まさに核は最大の攻撃兵器であると同時に、最大の抑止兵器でもあります。核兵器を考える時、この「矛盾」という言葉を思い浮かべてしまいます。そう、まさに核兵器こそが、最強の矛であり最強の盾なのです。

「うちに攻撃を仕掛けたら最後や！　核攻撃するぞ。たとえうちが滅びても、お前のところもぶっ壊したるからな！」

こう脅《おど》されたら、簡単には戦争を仕掛けられません。これを実践してきた国が北朝鮮です。金日成《キムイルソン》が核武装の道を模索し始めたのは、朝鮮戦争休戦直後の一九五六年、ソ連と原子力研究の協定を結んだところから始まります。

表向きは自国を守るためと称して、その実、独裁者本人とその一族の命を守るために、数十年間も核開発を続けて、とうとう核兵器を持つに至ったことは周知のとおりです。これによって、アメリカをはじめ世界の大国ですら、北朝鮮を動かすことは困難になりました。

自国民の人権を蹂躙《じゅうりん》し、日本を含む周辺国の人々を次々に拉致《らち》する非人道的な独裁国家に、軍事的圧力を加えることができないのは、北朝鮮が核兵器を保有しているからです。

現状の国際社会で、戦争の抑止や国の安全保障を考えた時、核の問題を抜きにして語ることはできません。最も大事な問題に蓋《ふた》をして、いくら議論しても物事の本質に辿りつけないからです。

ところが、日本では、メディアも国会議員も核兵器は史上最悪で残忍な攻撃兵器である——ここで思考が完全に停止してしまっています。

アメリカの「核の傘」は幻想

よく、「日本はアメリカの核の傘に守られている。いざとなればアメリカが核で報復してくれる。だから日本は他国から軍事的侵攻を受けないからええやん」と言われます。

しかし、これは迷信で、妄想に過ぎません。誤った認識です。

実際に日本が他国から核攻撃を受けた場合、アメリカはその報復に核攻撃を行うでしょうか。するわけがありません。

これは私が単に推測で言っているのではなく、多くの有力者がそう明言しているのです。

たとえば、CIA長官を務めたスタン・ターナー氏はこう述べています。

「もしロシアが日本に核ミサイルを撃ち込んでも、アメリカがロシアに対して核攻撃をするはずがない」

長年、国務長官を務め二〇二三年十一月に百歳で死去したヘンリー・キッシンジャー氏も生前、「日本が他国から核攻撃を受けても、アメリカはそれに対して報復の核攻撃はしない」と断言しています。

近年では、カール・フォード元国務次官補が「自主的な核抑止力を持たない日本はニュークリアブラックメール（核の脅迫状）をかけられた途端、降伏または大幅な譲歩の末、停戦に応じなければならないだろう」と言っています。

「大幅な譲歩の末の停戦」とは、限りなく降伏に近い状態です。

「なんや日本！　ごちゃごちゃ言うんやったらうちは核兵器を使うで。ええんか！」と脅迫された途端、日本は抵抗する術《すべ》を失う、と元米国務次官補が明言しているのです。

私は、アメリカ大統領をはじめとするトップクラスの要人の本音もこれだと思っています。もちろん、大統領自身がそんなことを言えば大騒動になりますから、表立って言わないだけです。

唯一の被爆国だからこそ

日本の安全保障や戦争の抑止を考えるなら、核保有について真剣に議論しなければならないということが少しはおわかりいただけたでしょうか。これを避けているようでは、国会議員の資格などないでしょう。日本保守党でもしっかりと議論を重ねます。

現実に侵略戦争が起き、ロシアのプーチン大統領は核使用をほのめかしています。変な言い方になりますが、これは逆に、日本人が核について議論できるチャンスとも言えます。にもかかわらず、「議論すらいけない、絶対にさせない。考えることもまかりならん」という日本の国会議員、総理大臣のレベルの低さには、つくづく情けなくなります。

日本の安全保障を本気で考えているのであれば、いま行うべきは、核共有、核保有の議論をしっかりして日本の世論を変えることと、政治家が覚悟を決めてアメリカと交渉することです。

よく、「日本の核保有をアメリカは許さない」という人がいますが、交渉次第でしょう。ロシアと中国、北朝鮮がいる現在の東アジアの緊迫度合いは、核共有が実現した過去の西ドイツより深刻です。政治家が本気で交渉すれば、アメリカの黙認を取りつけることは可能だと思います。

先に述べたとおり、日本が核攻撃を受けた場合、アメリカが核で報復することはできませんから、日本が反撃のための核を保有したほうが、東アジア情勢は安定するという見方も成り立ちます。日本が核を持つということは、実はアメリカにとっても好都合だとも言えるのです。

日本に基地を置き、経済的繋がりも深いアメリカは、他国による日本への核攻撃はできれば避けたいでしょう。日本が核を保有すればそのリスクが一気に減り、アメリカの国益を守ることに繋がります。そう考えれば、少なくとも、アメリカの核の共有は可能なはずです。

いまロシアによる一方的なウクライナ侵略の惨状を見て、多くの日本人が危機感を抱き、「憲法九条はあかんな」と気づいてきています。唯一の被爆国だからこそ、むしろ核保有を最も真剣に議論しなければいけないのに、肝心の政治家がストップをかけている。これが日本政治の実態です。

世界は大きく変わっており、ここ数年でさらに変化が加速しているにもかかわらず、なぜ日本の政治家はこんな体《てい》たらくなのでしょうか。いまの総理大臣や外務大臣、自民党幹事長が軒並《のきな》みダメなのは、政治家になった三十年ほど前の世界観で、頭のなかの時間が完全に止まっているからだと思っています。政治家としての目標は、何としても大臣になりたい、あわよくば総理になりたい、というだけ。自民党の派閥を舞台に権力闘争ばかりやってきました。

しかし、その間に世界は激変しました。三十年前の中国は天安門事件のあとで、取るに足りない貧しい国でしたし、北朝鮮のミサイル開発はいまのように進んでおらず、ソ連は崩壊しロシア国内は混乱していました。冷戦が終わり、国際問題がなくなった状況だったのです。

そんな時期に政治家になった連中ですから、国際的な安全保障や危機管理の問題を知らないまま過ごし、五十代後半で権力闘争が激しくなると、頭のなかは「派閥の領袖《りょうしゅう》になるんや」とか、「総裁選に出て総理になりたいんや」とか、「とにかく大臣やりたい」「幹事長になりたい」と、要職に就《つ》くことでいっぱいになる。朝から晩まで地元の町内会やら盆踊りに顔を出して頭の中は選挙のことばかり。日本の安全保障など全く考えないままに、三十年間も政治家をやってきたのです。

核の恫喝

ウクライナで始まった戦争は、今後確実にアジアに飛び火してきます。ここで力による現状変更を認めれば、悪《あ》しき前例となり、中国は「なんや、ロシアが認められるなら、うちもやろう」と考えるでしょう。そう考えないとしたら間抜けです。

そして、プーチンの核の脅しが非常に効果的になってきていることに強い危機感を覚えるのは私だけではないでしょう。

アメリカがウクライナに派兵しない大きな理由の一つは、プーチンが本気かブラフかはわかりませんが、「うち、核でも使おっかな……」と、核兵器使用の可能性を巧みにほのめかしているからです。ロシア軍の核抑止部隊に「特別警戒」を指示したり、二〇一四年のクリミア併合時に核兵器を臨戦態勢に置く準備をしていたと言ったり、独り言のような言い方をしているのが怖い。「もしかしてあいつ、本当に撃つんちゃうか……」と思わせていることが厄介なのです。

中国もそれに倣《なら》って、習近平が「うちも、核を使っちゃおうかな……」と独り言をつぶやきながら台湾に攻め込んだ場合、アメリカ軍はどこまで反撃できるでしょうか。習近平がプーチンと同じような呟《つぶや》きをしないと誰が言えるのでしょうか。

本来、現在の危機からそこまでの事態を見据《みす》えて明確に核保有の議論をしなければ、国会議員の資格はないはずです。

ところが、核保有について真剣に議論しようと言うと、その途端にメディアから、「核戦争をやりたがる奴」「頭のおかしい危険人物」「とんでもない軍事優先思想の持ち主」「好戦的だ」「戦争をやろうとしている」と袋叩きにされるので、政治家たちは次の選挙で議席を失うのを恐れて何も言わないのです。それはまさに、保身のために政治家をやっている醜《みにく》い姿以外の何ものでもありません。そんなことまでして国会議員にしがみつきたいのかと心底呆れます。

「核共有の密約」を結べ

中国は、西側各国がロシアへの経済制裁をどこまで本気でやるか、とても気にしています。「そこまで厳しくやるのか」と習近平に思わせるような本当に過酷な経済制裁を科すことができて初めて、中国がロシアに倣った周辺国への侵略の企《たくら》みを挫《くじ》くことに繋がるでしょう。中国への経済制裁は、ロシアよりもずっと効き目があるからです。

中国は冷戦後のグローバル化経済の恩恵を一番受けてきた国です。ここに来て、その経済の低迷が顕著となっている現状を鑑《かんが》みても、経済制裁の影響はロシアの比ではありません。このまま西側がウクライナ戦争へ武力介入せず、ウクライナが敗《ま》けて、国境変更が認められる事態になった場合、西側は徹底的にロシアを苦しめるような経済制裁を科していく必要があります。

さらに、中国が経済制裁以上に怖がっていることもあります。それは、アメリカにおける中国高官とその家族・親族の資産凍結です。彼らにとって、これが一番怖い。断言します、中国高官なんて、はっきり言って自分の国がどうなっても構わないと思っています。しかし、西側における自分たちの財産が凍結されたら死活問題になりますから、ここが最大の弱点なのです。

ですから、アメリカと西側各国のロシアに対する経済制裁は、その先の中国も見越して行う必要があるのです。

このような戦略性まで考えた政治家が日本にいるでしょうか。

かつてはいました。たとえば、日米安保を双務的《そうむてき》にした岸信介や、沖縄返還を果たした佐藤栄作クラスの政治家なら、たとえば、核の問題でもアメリカと「核共有の密約」を結ぶこともできるかもしれません。

何も「日本はアメリカと正式に核共有をしました」と認めたり、「わが国は核兵器を保有しました」と公式に発表する必要はないのです。他国に「密約があるかもしれない」「核を持っているかもしれない」、あるいは「持つ気があるようだ」と思わせるだけで抑止力になるのです。

非核三原則の一つに「持ち込ませず」がありますが、米軍が日本へ核を持ち込んでいたことは公然の秘密であることはよく知られています。国際政治とはそういうものであり、たとえば日米が核をめぐって秘密会談をしている、怪しい動きがある、日本が急に核関連施設で実験を増やした、そんな情報を流すだけで、抑止力になるのです。

記者会見で問われても、官房長官は「え、なんですか、そんなん知りまへんで。核なんか持ってまへんがな。表向きは持ったらあかんということになってますし、そんな動きはないんとちゃいます?」と答弁すればいい。そんな腹芸《はらげい》ができる政治家が待望されます。朝日新聞が「持っているだろう」と政府を追及しても、「お宅ら、非核三原則を知りまへんのか」とケムに巻けばいいのです。正攻法で国会を通すのが現実的に厳しいのであれば、ほのめかすなど有力な手はいくらでもあるはずです。それを「議論もけしからん」というだけでは、本当に国民の命を守る国会議員とは言えません。

いまこそ、世界の現実を踏まえて、肝の据わった政治家が日本には必要です。

第十章

有本香の論点10

有本香

❶ 安倍晋三なき自民党はどこへ行くのか

二〇二三年二月、自民党の茂木敏充《もてぎとしみつ》幹事長が、「(LGBT議員立法について)なるべく早く国会提出することが望ましい」と述べたと、NHKが嬉々《きき》として報じた。

このニュースに対し、「いや、憲法改正が先でしょうに」と私はツイッター(X)でツッコミを入れたが、まったく自民党はどうしたのか。

安倍晋三なき自民党はどこへ行くのか。

茂木氏の発言を伝える記事には、つぎのとおり書かれていた。

「LGBTの人たちへの理解を増進するための議員立法は、おととし、自民党内で意見がまとまらず、国会への提出が見送られ、自民党は、党内の一部で反発が根強い『差別は許されない』という文言《もんごん》の修正を模索……」

このくだりを読んで、「おととし」のある日、安倍晋三元総理と交《か》わした会話を思い出した。

二〇二一年の五月下旬だったと思う。私はある取材で、議員会館の安倍晋三事務所を訪れた。いつものように、応接室ではなく執務室に通してくださった。ただそのとき、安倍さんの表情がいつもと違うことに気づいた。

「お疲れでしょうか」

と訊くと、安倍さんは「いや」と短く答え、少し考え込んだ。すると突然、私の取材とは関係のない、ある話題を切り出した。

「稲田朋美がね、ここに来てさ、まさにそこに座ってさ、泣いて食ってかかったんだ」

私が「一体なんの件でですか？」と訊き返すと、「LGBT」とまた短く答えた。

稲田さんの涙の抗議の趣旨は「なぜ、わかってくれないのか」であったらしい。私は黙って安倍さんの話を聞いていた。

「これはさ、もはやLGBTへの偏見をなくそうという運動じゃなく、政治闘争になっているよね。アメリカでティーンエイジャーに何が起きているかを知るべきなんだよ」

いつものことなのだが、私はまたも安倍さんの見識の広さに驚かされた。

アメリカの一部地域ではいま、十代の子らの間で「ユニークな性自認」をカムアウトし、その「心の性」に従って生きることが流行《はや》っている。いや、半ば奨励されている。

たとえば、肉体的には女子である子が、ボーイッシュな服装や荒っぽいスポーツが好きだとする。その子がさらに女子を思慕《しぼ》するに至り、「私、他の子と違う気がする。実は女子じゃないのかも」などと思う。それが嵩《こう》じて「私、本当は男だったんだわ」と言い出す。

カムアウトだけで済めばいいが、「私、名前変えたい。体も変えたい」と言い出したとしても、親は子供を止められないのだという。

実際に改名した例が私の知人にもある。さらに、十代の子がホルモン注射を望んでも、親がそれを阻止するのは困難だという。

明らかに危うい状況だ。アメリカでのそんな現状を、日本の多くの大人が知らない。自民党議員だって、大半が「差別・偏見はいけないよねえ」ぐらいの浅薄《せんぱく》な認識だろう。

しかし、安倍さんはよくご存じだった。

「思春期の頃ってさ、同性に憧れるなんてよくある話じゃない。おまけに、性への興味がとても強い時だよね。そんな子供たちに、同性同士のセックスを学校でまで教えるというのは、違うと思うんだよね」

こんな話を明かすと、LGBT法推進派からは「法案にそんなことまで書いていない。ギャー」と反論があるだろう。

しかし安倍さんが言ったのは、「蟻《あり》の一穴《いっけつ》」への懸念だ。

誤解なきよう明言するが、安倍さんには同性愛者やトランスジェンダーへの偏見など微《み》塵《じん》もなかった。ただ案じておられたのは、社会秩序が徒《いたず》らに壊され、子供たちがその犠牲となることだった。

性自認の危険性についても話した。「心は女」の男性が女性スパに入ってきて事件となった話を安倍さんに向けると、こう言った。

「そんな事件も、今後起こりかねないね。マチュア（成熟した）な大人は対処できたとしても、その場に遭遇した子供が負う心の傷は深いよ」

安倍さんが常に心配していたのは、日本の未来と、それを担《にな》う子供たちのことだった。そして、稲田さんのことも案じていた。

「どうしてああなったんだろうね」

私は、敢《あ》えて少し慎重にこう答えた。

「わかりませんが、稲田さんは共感力が高い方とお見受けします。ＬＧＢＴ当事者の方に深く同情されたのかもしれません」

安倍さんは「共感力ね」と頷《うなず》いた。

実は、私は別の理由を思い浮かべていた。安倍さんもそうだったように見えたが、一方で、稲田さんを貶《けな》したくないという感じも見て取れた。

稲田朋美さん、ＬＧＢＴへの理解も結構ですが、やっぱりいま最優先すべきは、安倍さんの悲願だった憲法改正じゃないですか。

（月刊『Hanada』二〇二三年四月号）

❷ 護国の虎が残した大和魂

「蔣介石が、『権力は虎だ』といったことがあるんだよね。漢籍を引いた表現だけど……」

安倍晋三さんとの会話は常に知的刺激にあふれていた。印象的な会話は数あれど、いましきりと思い出すのはこの言葉だ。

二〇一七年の晩秋だったと思う。総理だった安倍さんを含む四人で会食した折、同席者の一人が自民党内の「政争」について尋ねた。

「麻生さんとの関係はどうなんですか？」

この頃の安倍自民党は、まさに「飛ぶ鳥を落とす勢い」といえた。ただし、安倍晋三本人はサンドバッグ状態。同年春、例の「モリカケ」を左派が仕掛け、連日、朝日をはじめとした新聞とテレビのワイドショー、そこに週刊誌までもが加わって、安倍晋三・昭恵夫妻を叩きに叩いていた。

しかしメディア連合軍の総攻撃の甲斐《かい》もなく、十月、安倍自民党は衆院選に大勝、国政選挙に五連勝して、いよいよ憲法改正に手がかかると期待が膨らんでいた。そんななか、流れていたゲスな噂の一つが、「安倍・麻生不仲説」だった。

尋ねた政治ジャーナリストに悪気はなく、安倍・麻生の仲を心配するあまりのこの質問に、安倍さんは笑ってこう答えた。

「麻生さんとは盟友以上の運命共同体だからね。麻生さんが（自分を）裏切って寝首《ねくび》を掻《か》くなんてことは絶対にない。一部の連中の勘ぐり。心配しなくていいよ」

いわゆる政局に興味がない私は、黙って箸《はし》を動かしていた。安倍さんが続けた。

「麻生さんのこととは関係ないんだけどさ、蔣介石が……」

と冒頭のくだりを話し始めたのだ。

私が、「『騎虎《きこ》の勢い』ですか？」と訊くと、「そうそう」と言い、安倍さんは「あれは言い得て妙だと思う」と独り言のように言った。

「騎虎の勢い」とは、虎に乗った者は途中で降りると虎に食われてしまうので降りられない。これが転じて、やりかけた物事を行きがかり上、途中でやめることができなくなることのたとえだ。原典は『隋書《ずいしょ》』である。

蔣介石は、権力をこの「騎虎」に擬《なぞら》えたのだという。安倍さんはどこか他人事《ひとごと》のように淡々と説明を始めた。

「虎に乗っていて、振り落とされたら食われちゃうよね。だからしがみつかざるを得ない。権力とはそういうものなんだろうけど」

言葉が止まったので、私は遠慮なく訊いた。

「権力と無縁の私にはピンときませんが、総理はそう実感されることがありますか」

少し意味ありげに笑って安倍さんは答えた。

「しがみつくというのとは違うんだけど、ただ、中途半端では降りられない。やらなきゃならないことのために権力が必要だから」

五年前のこの会話を思い出すと、先日、凶弾に斃《たお》れた安倍さんの胸中が偲《しの》ばれる。無念いかばかりだったかと涙が出る。

権力について話したあと、安倍さんはこうも言った。

「麻生さんが裏切ることは絶対ないんだけど、でも、政治家はみんな肉食だからさ。仮に俺が弱って、たとえば病気とかで、虎の背に乗り続けられないなと見られる時が来たら、すかさず誰かが代わりに乗るよ」

ここまで書いて、この三年後、二〇二〇年二月二十九日夜の会話も思い出した。中国武漢から新型コロナウイルスが到来、全国で感染が拡大していたときだった。日頃は「安倍応援団」と揶揄《やゆ》されていた作家の百田尚樹さんや私は、このときの日本政府の初動、とくに諸外国に比して入国停止が遅いことなどを厳しく批判していた。くわえて、四月に予定されていた習近平の国賓招聘《しょうへい》の取りやめを決めないことにも怒っていた。そんなある日、安倍さんと夕食をともにすることになった。

安倍さんは着席するやいなや、早口で我々の批判への説明を始めた。私たちは黙って聞き、一段落すると、百田さんが口を開いた。

「安倍総理は憲政史上最長の大宰相です。世界的な評価も高い。もはやライバルも、右に出るものもおりません。だからこそ私は、安倍さんに歴史の評価を恐れてほしいのです。なんとしても、習近平の国賓招聘はやめるべきだと思います。

いま日本を守れるのは、安倍さんしかおられないのです」

最後のところで、百田さんの声が震えていた。

安倍さんはじっと百田さんの顔を見、それまで早口で説明していたときとはまったく違う調子で、「ありがとう」とだけ言った。

不世出の宰相、安倍晋三は、虎に乗る人というより、疾走する虎だったのかもしれない。

朝日新聞がなんと貶《けな》そうが、その真価は、献花に長蛇《ちょうだ》の列を成した国民と、世界が知っている。

護国の虎・安倍晋三が残した「皮」は、大和魂《やまとだましい》となって、あすの日本に留め置かれるに違いない。


（月刊『Hanada』二〇二二年九月号）

❸ ウイグル人の歴史にも残る安倍晋三

「安倍首相のご家族に直接お悔やみを言いたい。ドイツとDCから飛ぶので、弔問《ちようもん》の調整をしてくれないか」

二〇二二年七月八日、安倍総理が兇弾《きようだん》に斃《たお》れた日の夜、眠れずにいた私のもとへ、こんなメッセージが届いた。親友で、世界ウイグル会議総裁のドルクン・エイサさんからだった。

亡命先である独ミュンヘンに拠点を構え、中国当局によるウイグル人弾圧に関し、人生をかけたレジスタンスを続けている著名な活動家だ。その彼のメールに私が短く返信すると、すぐ電話がかかってきた。

「君も知ってのとおり、安倍晋三はウイグル人にとって特別な人だ。ウイグル問題に熱心な政治家は欧米にも大勢いるが、実際に投獄されたウイグル人を救出した政治家は世界に安倍しかいない。彼は我々の歴史の一部だ」

すすり泣く私に、ドルクンは続けた。

「安倍がテロに斃れたことで、私も悲しいし、悔しい。明日にでも東京に飛んで、日本人とともに泣きたいよ。とにかく安倍夫人にお悔やみを言いたい。段取りを整えてくれたら、すぐチケットを取る」

涙を止められないまま、私は「わかった。やってみる」とだけ言って電話を切った。

翌週はじめ、安倍家の通夜と葬儀が営まれた。私は通夜に参列し、そこで在日ウイグル人らと会った。先の参議院議員選挙に立候補した在日ウイグル人女性のグリスタン・エズズさんは、私を見るなり、「なぜ、日本で一番の愛国者がこんなことに……」と言って泣き崩れた。彼女の肩を抱きながら私は、安倍さんは愛国者であると同時に、日本で一番の「人権派」でもあったな、と胸のなかで独りごちた。

ウイグル人が、「安倍晋三は特別」というのには理由がある。二〇〇八年のことだ。

第一次政権での首相の座を一年で辞したあと、安倍さんは持病の治療をしながら静かに「雌伏《しふく》のとき」を過ごしていた。とはいっても、ただ身を竦《すく》めていたわけではない。「自由と人権を尊び、そのために闘う政治家」としての本領は、〇八年五月、来日した当時の中国国家主席・胡錦濤《こきんとう》の前で発揮された。

ちなみにこの〇八年は、夏に北京で五輪が催された年だ。その開催を数カ月後に控えた三月には、チベットのラサで、僧侶らの平和的なデモを中国当局が武力で弾圧。多数の死者が出て、世界中から轟々《ごうごう》たる中国非難の声が上がった。欧米諸国では、首脳も厳しく中国を非難しているというのに、日本の福田康夫首相ときたら、及び腰極まる反応だった。当時すでにチベットサポーター歴十年近かった私は、日本政府の反応に連日腹を立て、知り合いの国会議員に怒りをぶつけていた。

そんななか、まるで一筋の光が差したかのような〝吉報〟がもたらされたのだ。

「【胡錦濤氏訪日】歴代首相と朝食会　安倍氏はチベット問題に懸念表明　小泉氏は姿見せず」（産経新聞、五月八日）

この見出しを見ただけで、私は「やっぱり頼れるのは安倍さんだ」と思った。

記事には、安倍前首相が胡錦濤に対しチベットへの懸念を明言し、さらに関連してウイグル問題にも触れたと書かれていた。安倍さんが言及したのは、この十年前、東京大学大学院留学中に一時帰国した際、中国当局に逮捕されたウイグル人研究者、トフティー・トゥニヤズさんのことだった。

「彼の家族は日本にいる。無事釈放することを希望する」

かくもきっぱりとしたことを、中国の国家主席に面と向かって言える日本の政治家は、後にも先にも安倍晋三しかいない。結果、トフティーさんは釈放された。ただし、日本への帰国と家族との再会は叶わずじまいだった。これが中国の狡猾《こうかつ》さだが、それでもウイグル人は安倍晋三の功績に感謝を忘れていない。

八月某日、安倍昭恵さんへの弔問のアポイントが取れていたが、直前のアクシデントで、ドルクン・エイサさんは訪日できなくなった。

お詫びのメールを入れると、昭恵さんは「どなたもいらっしゃらないの？　私もウイグルの方たちの話を聞きたい」と残念がった。

在日ウイグル人の代表二人が、昭恵さんの気遣いと慈悲深さに感激したことはいうまでもない。

安倍邸を訪れた二人は、懸命に言葉を探しながらお悔やみを述べ、昭恵さんはそれにやさしく応じ、さらに彼らの苦しい現状を親身になって尋ねた。

その光景を前に、私はあらためて安倍昭恵さんの純粋さ、人柄の良さに感動を覚えた。

事後に、昭恵さんは私にこう言った。

「主人の志《こころざし》を継ぐためにも、落ち着いたら私もできる限りのことをしたい。ウイグル問題を考えていると、主人が近くにいるような気がするの」

あの夫にしてこの妻あり。安倍晋三さんのご冥福を衷心よりお祈り申し上げる。

（月刊『Hanada』二〇二二年十月号）

❹中国が「日本」を買っている

十年か。そう思うとため息が出た。

いまから十年前に取材寄稿した雑誌のバックナンバーを読み直しながらのことだ。中国系資本によるわが国の土地買収の件である。二〇一〇年十一月、本誌編集長の花田紀凱氏が当時編集長を務めていた別の月刊誌に、二号連続して拙稿が掲載された(「中国が北海道を買っている」〈二〇一一年一月号〉、「胡錦濤が北海道を狙っている」〈同年二月号〉)。

この時、必死に訴えた中国系資本による大規模な土地買収は、十年の間、根本的な対策がとられないまま座視された。もちろんごく少数、この問題に真剣に取り組んだ国会議員もいる。その一人が、前総務大臣の高市早苗衆議院議員(現経済安全保障担当大臣)だが、高市さんが議員立法として出した法案のうち、いくつかは約十年、審議すらされないままになっている。

絶望しかけていたところ、十一月七日、産経新聞のデジタル版に、『《独自》中国資本買収が80カ所　安保上重要な施設・離島　政府調査』という記事が出た。

記事によると、「中国系資本が何らかの形で関与した疑いがある安全保障上重要な土地の買収件数が全国で約80カ所に上るとの調査を政府関係機関がまとめていた」そうで、政府は来年（二〇二二年）一月の通常国会で、防衛施設や国境離島などの土地購入に関して政府の調査権限や届け出義務を盛り込んだ法案の提出を目指しているそうだ。

ようやくか——。記事を読んでそう思う一方、安心はできないという疑いが頭をもたげる。というのもこの十年、「今度こそ」と期待させた動きが何度かありながら、ことごとく裏切られてきたからだ。

産経の記事には、防衛施設の周辺十キロ以内や国境離島にある土地で、中国系資本が直接、間接的に買収に関与した疑いがある件数を政府関係機関が調査した結果、「今年（二〇二一年）10月までの時点で少なくとも全国に約80カ所あることを把握した」とある。このくだりを読んで、やはり疑いのほうが強くなった。筆者の十年の取材の経験上、どう見ても八十カ所程度で済むとは思えないからである。

ここで、十年前の筆者の寄稿の一部を敢《あ》えて引いておこう。

「このような状況を招く背景には、そもそも森林にかぎらず、日本全国の地籍調査は進んでおらず、国土の四八パーセントの地籍が不明（未確定）という状況がある。（中略）この（二〇一〇年十一月）時点で道（北海道）は、実に三万九千ヘクタールもの森林の所有者を特定できない状況に陥《おちい》っていることが判明した」

「倶知安町《くっちゃんちょう》の自衛隊施設から二キロメートルの位置に一件、三キロメートルの位置に二件、計百七ヘクタールの土地が、すでに外国資本の所有となっていたのである」

「自衛隊や警察署周辺に絞って（道が）調査した結果、所有者を把握できない林地が、少なくとも二十七市町村で五十四件、計五百七十九ヘクタールも存在することが明らかとなった」

これが十年前の北海道の状況だったのだが、いかがか？

ここで挙げた所有者不明の土地のすべてが中国系資本に狙われたとは断言できないが、十年前、すでに近隣の人でも持ち主が誰かわからないような山林等を、日本の協力者を使って丹念に調べ上げて買い集めていたのが中国系資本である。北海道だけでもこんな状況だったことを合わせ見れば、八十カ所では済まないという筆者の真意、おわかりいただけるだろう。

産経の記事には、再生可能エネルギー発電事業者として中国系資本が買収に関与したとみられる土地を政府関係機関が調査した結果についても書かれており、これが「全国約1700カ所に上ることも判明」とある。これも実は、中国系資本の土地買収以上のもっと厄介な問題が絡《から》んでいる。

一例を挙げると、中国最大級の電力会社「上海電力」は二〇一三年、日本法人を開業した。その後、同社は矢継ぎ早に日本各地でメガソーラー事業を進めてきたが、一四年当時から、政府関係者は上海電力の狙いを「土地買収」と「電力の全量買取」からの利潤と見ていた。だが、それは甘すぎると筆者は指摘した。

一四年に、筆者は上海電力日本株式会社を訪問している。特に深く取材したのは、大阪市から南港の土地を借り受け、太陽光発電事業に乗り出した件だった。そこには「土地を貸すだけなら大丈夫」とは決して言えない、私たちのライフラインに絡むさらに深刻な問題が横たわっていたのだ。

その詳細はまた別の機会に詳しく書くこととするが、とにかく菅首相にはこの件を先に進めていただきたい。手をついて懇願する思いである。

（月刊『Hanada』二〇二一年一月号）

❺ 小池さん、屋根の上の〝虐殺者〟になりたいの？

つくづく小池百合子という政治家は運がいい。「違法だが、都知事に過失があるとまでは言えない」という司法判断により、パフォーマンス知事はまたもや救われた。

何の話かというと、新型コロナ特措法《とくそほう》に基づいて東京都が出した営業時間短縮命令は「違法だ」として、飲食チェーン「グローバルダイニング」が、都に損害賠償を求めた訴訟の判決が下ったのだ。

「（同店の夜間営業について）感染リスクを認める根拠は見いだし難い」

「公平性の観点からも合理的な説明はされていない」

「原告の不利益処分がやむを得ないといえる個別の事情があったとは認めることはできない」

とまで言いながら、一方で裁判長は「（都知事が）命令を差し控える判断は期待し得なかった」「職務上の注意義務に反したとは認められない」と判断したのだそうだ。

読めば読むほどワケがわからない。

とはいえ、筆者も大人なので事情を斟酌《しんしゃく》すれば、「厳密には『違法』だけど、前例のないパンデミックのなかで、小池さんは都民の命を守ろうと一所懸命だったんだから仕方ないよね。あれ、罰することなんかできないよね」という判決だということは理解できる。

しかし皆さん、思い出してほしい。小池氏が五年前、故石原慎太郎元都知事の築地《つきじ》市場の豊洲《とよす》移転の裁可に対してしたことを。

一九八〇年代から「老朽化」「危険」と指摘され、移転は急務といわれた旧築地市場。その移転先として現在の豊洲市場の場所が候補となって以来、共産党と「市民団体」は「土壌汚染ガー」と騒いだ。そのせいで移転は遅れに遅れたが、二〇一二年、ようやく石原さんが真っ当な決断をする。科学的にも法的にも、むろん政治的にも、どこから見ても正しい決断。これ、左派活動家らはブツブツ言い続けた。そもそも「土壌汚染ガー」からして絵空事《えそらごと》なのに。

市場のお引越しまでわずか二カ月に迫ったところで、パフォーマンス女王・小池百合子のお出ましとなる。彼女は「立ち止まって考える」と言い出し、マスメディアやおバカ都議らとともに、ありもしない石原さんの「疑惑」を囃《はや》し立てた。そして、信じられない挙に出たのである。

政治闘争のために損害賠償訴訟を起こすのは、左派の得意のやり方だ。行政についても、当該機関ではなく首長個人に法外な損害賠償請求をすることがままある。左派の嫌いな石原慎太郎さんなら尚《なお》のこと。

「不適切な豊洲の土地買収の裁可は誤りだった」と、数百億の個人賠償を求める訴訟が起こされた。

こんなものは「イチャモン」だと誰もが知っている。ふつうなら、東京都が〝まともに〟相手にする類《たぐい》ではない。「石原元都知事の裁可に問題なし」という方向で、都は粛々《しゅくしゅく》と訴訟対応するはずだった。

ところが、当時の小池氏は「石原氏の裁可に本当に問題がなかったかどうか、あらためてチェックする」旨《むね》を発表。病身の石原さんにプレッシャーを加えた。

それほどまでに行政の正当性に敏感な小池知事のことだ。賠償責任こそ免れたが、コロナ禍における自身の決断が本当に正しかったかどうか、二重三重にチェックするために、第三者委員会などを立ち上げて検証なさるに違いない。

その小池都知事が、さらなる暴挙に打って出ようとしている。

東京都が、住宅メーカーなどを対象に新築物件の屋根に太陽光パネルの設置を義務付ける制度を新設するという。条例の改正まで目指すそうだが、すっかり小池氏に牛耳《ぎゅうじ》られた都議会はろくに反対の声すら上げない。

東京は、科学的根拠もなく飲食店を閉めさせ、好きな家を建てる自由もない街になろうとしている。バカも休み休み言え。

それより先にやることがあるだろう。

小池氏が都知事選で掲げた公約はどうした。新築の家やビルの屋根に太陽光パネルを貼る前に、緊急自動車が入ることも困難な東京下町の木密（木造住宅密集）地域はどうするのだ。

太陽光発電を野放図《のほうず》に増やせば、電力供給の不安定化を招き、十年たてば膨大な量のパネルはすべて危険な廃棄物となる。

そして何より強調したいことは、太陽光パネルの世界シェアの約八割は中国が握っていて、そのうちの約六割は、いまや強制収容所が林立《りんりつ》する新疆《しんきょう》ウイグル自治区で生産されている。アメリカは、中国産太陽光パネルを「ウイグル人の強制労働の産物」と疑い、制裁対象にした。

この構図を「屋根の上のジェノサイド」と称したのは、エネルギーの専門家・杉山大志《たいし》さんだが、東京が、ウイグル人の強制労働の片棒《かたぼう》を担《かつ》ぐ街になることは到底看過できない。

小池さん、私たちをジェノサイドの加担者にするまえにお辞めくださいませんか。

（月刊『Hanada』二〇二二年七月号）

❻カブール陥落の光景にわが国を憂う

アフガニスタンが、イスラム主義組織「タリバン」の手に落ちた。日本では終戦の日の催しが行われた八月十五日の夜のことだ。「首都カブール陥落」「ガニ大統領 国外脱出」の速報と同時にネット上に流れてきた、市民らが我先にと国外へと逃げ出す映像……。なかでも、離陸しようとする航空機に多くの人が取りすがる光景は衝撃的だった。

「国」を失うとはどういうことか。自国を守る力をもたない国はどうなるか。そして、頼みの綱だった駐留アメリカ軍がいなくなるとどうなるのか。まさに明日はわが身の映像である。

そんなカブール陥落の翌日、ツイッターに流れてきて目を疑ったのが、中国メディアのつぎのような発信だった（原文は英語）。

「アフガニスタンで起きたことから、台湾の人々は、ひとたび（台湾）海峡で戦争が勃発《ぼっぱつ》すれば、島の防衛など数時間で崩壊し、米軍は助けに来ないということを理解すべきだ。民進党（蔡英文総統の与党）はたちどころに降伏するだろう」（環球時報、八月十六日）

環球時報（Ｇｌｏｂａｌ Ｔｉｍｅｓ）は、中国共産党の機関紙『人民日報』傘下のタブロイドで、国際ニュースを中心に扱っているのだが、昔から「オラオラ、中国様は怖いんだぞ」というタカ派論調が持ち味だ。

それにしても、「戦狼《せんろう》プロパガンダ」もここまで露骨だとかえって逆効果だと、誰か教えてあげればいいのにと思う。

しかし、その環球時報の言っていることが完全に的外れだというわけではない。いかに強固な同盟関係であれ、他国の軍は所詮《しょせん》、他国軍だ。他国の都合で動くものであり、常に私たちを助けてくれる存在ではない。この真理は、台湾人よりもむしろ日本人こそが肝《きも》に銘《めい》じるべきである。

一方、今回の撤退戦で下手を打ったアメリカのバイデン大統領は会見で「我々が予想していたよりも状況が急速に展開した」と述べて、意外なほど率直に失態を認めている。さらに、バイデン氏はつぎのようにも述べた。

「戦う気のないアフガン軍のために、アメリカの兵士を戦わせたり、戦死させたりすることは断じてできない」

まさに、「アフガン軍」を「日本」に入れ替えて聞くべき言葉だ。

バイデン氏が認めたアフガン情勢の見立て違いは、アメリカ当局に限ったことではないだろう。

八月初旬には日本の「専門家」らも、タリバンが首都カブールを制圧するには三月ほどかかるとの見立てを披瀝《ひれき》していた。日本外務省も同様の構えだったとも聞く。

カブール陥落から二日が経った午後、与党の大物政治家が、つぎのようなコメントを自身のSNSで発信した。

「アフガニスタンのタリバン首都占拠について憂慮しています。すべての人の人権を守り、人道に配慮すること、日本をはじめ各国の大使館職員や関係者の安全確保や難民問題など、国際社会が一致して協力する必要があります。

国際社会に対し日本のリーダーシップが求められる場面です」

自民党総裁選への出馬も噂される岸田文雄元外務大臣のツイート（X）である。

二日後という間延びのしたタイミングといい、まるで中学生の作文のような中身の空疎《くうそ》さといい、これなら黙っていたほうがよかったと思うのは私だけか。

戦狼ぶりの過ぎる環球時報のツイートと、無難なことだけ言いたいがあまりメッセージ性ゼロになった岸田氏のコメントは、まさに両極。このどちらでもない、はっきりとした意思と良識のある言葉を、世界が激動するいま、日本の政治家から聞きたいものである。

日本には課題が山積みで、もはや一刻もグズグズしてはいられない状況だが、ここへきて日本政府はまたもや緊急事態宣言の延長、範囲拡大を決めた。一方で、入国者数は増やすという相変わらずの支離滅裂《しりめつれつ》さ。国民は疲弊する一方である。

世界を見れば、コロナだけに足をとられている時ではないことは明白だ。だから、まずはコロナ禍をできるだけ速やかに終わらすために、たとえば対応病院以外でも治療薬を処方できるようにするなどの策を講じるべきだ。ワクチン頼みの現状では不十分。手前味噌で恐縮だが、今月号の本誌で、私が聞き手を務めた高市早苗氏のインタビュー記事でも語られているように、承認されているレムデシビル、抗体カクテル療法を全医療機関、訪問医も投与できるよう舵を切ってほしい。

アフガニスタンのように、近くにいるモンスターにあっと言う間に国を盗られてしまわないように、一日も早く国内の活動を正常化させる。そのために、医療のオールジャパン体制を一刻も早く、と願うばかりである。

（月刊『Hanada』二〇二一年十月号）

❼ 橋下徹よ、「不戦」はプーチンに言え

橋下徹氏のことを、私は最近SNS上で「お土産《みやげ》の人」と呼んでいる。命名の由来は、橋下氏の次のツイート（X）にある。

《今の中国は欧米の制裁に負けたというのを最も嫌がる。アヘン戦争の敗北の歴史からの脱却が原動力なんやから。中国をこっちに引き寄せるには、お願いかお土産が先やろ。制裁をちらつかせるのは最後の手段。こんな建前政治は、解決能力なし。ほんまアカン。》

（二〇二二年三月十五日）

中国へのお願いかお土産が先？　何の話？　と思う方もあるだろうから少々説明しよう。右のツイートの主題は、いま起きているウクライナ戦争に関することだ。この前日の十四日、ロイターがネット上に掲げた「中国、ロシアに兵器供与の意向　米が同盟諸国に通知＝米高官」という記事について、橋下氏が思いの丈《たけ》をつぶやいている。

記事には、米国側が「中国を制裁対象に」とは一切書かれていないが、橋下氏には我々に見えない何かが見えるのか、「中国は欧米の制裁に負けたというのを最も嫌がる」と気色《けしき》ばんでいる。

一つ前のツイートではこうも書いている。

《今のアメリカ・NATOの政治はおかしいで。中国をこっちに引き込まないとウクライナの被害が拡大する。中国に最初から制裁をちらつかせるなんて、学級委員政治の典型。》

学級委員的ではないオレ様は「こう考える」という演出だろうか、「おかしいで」「お土産が先やろ」「ほんまアカン」と、奇妙な関西弁で綴《つづ》られている。元大阪市長の橋下氏は関西弁ネイティブではないため、氏が時々使う「わざとらしい関西弁がイヤ」という大阪人は実は意外に多い。

その橋下氏は最近、下手な関西弁どころでは済まされない、全国的に酷《ひど》く嫌がられる発言をメディアで連発しているのだ。

まず三月三日、フジテレビの情報番組「めざまし8《エイト》」で、ウクライナ出身の政治学者グレンコ・アンドリー氏に、次のように噛みついてひんしゅくを買った。

「いま、ウクライナは十八歳から六十歳まで男性を国外退避させないっていうのは、これは違うと思いますよ」

「アンドリーさん、日本で生活していいでしょう。未来が見えるじゃないですか。あと十年、二十年、頑張りましょうよ。もう一回、そこからウクライナを立て直してもいいじゃないですか。プーチンだっていつか死ぬんですから」

橋下氏は、ウクライナの現状を懸命に説明するグレンコ氏の発言に割って入ってまで、「ウクライナ人は皆、国外へ逃げろ」（つまり国土をロシアに明け渡せ）と言う始末。さらに、「プーチンが死ぬまで待てば、ウクライナを再興させられる」と、何の根拠もない無責任な〝提案〟までしている。

この場面を録画で観て、呆《あき》れて言葉もなかった。

何かにつけ、「僕は元政治家」と元職を笠に着てコメントする橋下氏の口癖は「勉強しろ」だが、橋下氏こそ、世界の歴史を勉強し直すべきだ。他国に侵略され取られた国が後年、平和裏に元の民族に返された例がどこにあるのか。民族ごと消された（消されかけている）例なら枚挙《まいきょ》に遑《いとま》がない。

たとえばチベットは、毛沢東の中国共産党によって侵略され、元首ダライ・ラマ十四世がインドへ亡命して主権を失ったが、毛沢東の死後半世紀近くが経ったいまも、中共が居座っている。チベット人による再興どころか、中国化が進む一方だ。

他方、「国」まるごとではなかったが、大東亜戦争終結後にソ連によって盗られたわが国の北方領土も、スターリンの死後半世紀以上経ついまも、返還されずじまいである。

発言は大炎上したが、当人は反省の色を見せるどころか翌週もグレンコ氏に噛みつき、六日にはやはりフジテレビの別番組で、自民党の高市早苗政調会長にも噛みついた。このときは、「中国を取り込まないと（対露）制裁の効きが弱いともいわれている」と聞き齧《かじ》りの推論をもとに、「中国に頭を下げてでも、こっちに付いてもらう必要があるのでは」と食い下がっている。

一連の橋下発言をよく読むと、言いたいことの核心は三点。

・ウクライナはさっさと「降参」し、
・西側諸国はロシアに譲歩し、
・日本は中国様に最大限配慮をしろ。

橋下発言のさらなる嫌らしさのポイントは、「ウクライナ人の命が大事だから」という偽善の粉をまぶしつつ「降参せよ」と言うところだ。

遠く離れた自分の故郷が一方的な武力侵攻を受け、家族や友人の命が危ない。そんな状況のウクライナ人への惻隠《そくいん》の情《じょう》というものが、橋下氏やフジテレビにはないのだろうか。

橋下徹よ、「不戦」を言いたいなら、在日ウクライナ人ではなく、モスクワでプーチンに向かって威勢よく吠《ほ》えてこい。

（月刊『Hanada』二〇二二年五月号）

❽ 文科省よ、日本国民に「戦い」を教えよ

ロシア海軍の大型巡洋艦「モスクワ」(約一万二千五百トン)が、ウクライナ軍の攻撃にあって黒海沖で沈没したという。米紙ウォール・ストリート・ジャーナルによると、ロシア艦隊の旗艦が戦時に沈没したのは、一九〇五年、日露戦争の日本海海戦で、日本の連合艦隊がバルチック艦隊の旗艦を撃沈して以来のことだという。

といっても、日本人の多くがピンときていない。日露戦争での勝利やバルチック艦隊撃破の歴史をろくに教えない教育のせいである。

いまもウクライナでは、連日おびただしい数の人の血が流れている。命こそ助かっても拉致《らち》監禁されて遠い地へ強制連行されたり、女子供は辱《はずかし》められたりしている。黒海沖での戦果を喜ぶという状況ではないが、ウクライナ軍の歴史的快挙であることは間違いない。士気もさらに上がることだろう。

一方のロシア側はどうか。沈んだ「モスクワ」には五百人の乗組員がいたが、その多数が死亡した可能性が高い。実質的な損失に加え、自国の首都名を冠した司令塔的な艦が沈められたのだから、士気の低下も免れまい。プーチンの始めた戦争を支持しているという

ロシア国民の間に厭戦《えんせん》気分が蔓延《まんえん》し、戦争を早く終わらせよという声があがることを期待したいが、情報共有がどれほどされているかわからず、無理な期待かもしれない。

とにかくプーチンには強い衝撃を与えたはずだが、これで今後、彼が軟化するという期待もできまい。大規模動員などを通じて、攻撃をさらに強化する可能性すら指摘されている。

実は、ロシアのウクライナ侵略開始直後、国民的ベストセラー『永遠の0《ゼロ》』の著者で、筆者の仕事仲間でもある作家の百田尚樹さんはある〝予感〟を語っていた。

「戦争になったら、持ってる兵器、装備もさることながら、軍と国民の士気が非常に大事なんや。ウクライナ人と軍の士気の高さが奇跡を起こすかもしれん。二十一世紀の日露戦争になるかもしれんな」

いまの戦況を楽観視はできないが、百田さんのこの予感はある程度あたっている。

さて、この二カ月、メディア報道のトップはほぼウクライナ情勢のニュースが占めた。悲惨な情報、映像が多く流されるなか、侵略戦争を憎む人が増え、「戦争はいけない」という思いを強くした人が多いことはうなずける。

他方、ネット上にはこんな声もある。

「いままで、国のために戦うとかいう話を聞くと、『右翼かよ』と小馬鹿にしていた自分。

ウクライナの人たちが国を守るため必死に戦ってるのを見て、気持ちが変わった」

家族のため、祖国のため、民族の尊厳のために戦うこと。その尊さに目覚めたという人たちが確実にいる。

多くの日本人がなぜ、戦うことの尊さを知らないのか。戦後の日本人の多くは、ひたすら自虐史観と負け犬根性を刷り込まれ、戦う尊さどころか、自分の祖国・日本についての価値さえも知らずにきたのだ。

日本が、世界で最も長い歴史を有する国であること、その祖国が二千年にもわたって永らえてきたのは、我々の先祖が外敵と勇敢に戦って国を守ってきたからなのだということも、まったく知らないのである。

ほとんどの中学社会科教科書に、平安時代にあった「刀伊《とい》の入寇《にゅうこう》」は書かれていない。これは、女真《じょしん》族が海を渡って日本を侵略してきた大国難事案だ。朝廷が国防の当事者能力を失っているなか、「さがな者」(手に負えない人)といわれて、藤原道長《ふじわらのみちなが》に嫌われ、太宰《だざい》府《ふ》に左遷《させん》されていた甥《おい》の藤原隆家《たかいえ》が、九州武士団を率いて撃退した。それが史実である。日本民族にとって大切な勝利の物語も、救国の英雄・藤原隆家の名も、いまの日本人はほとんど知らない。

ほかにも、当時の世界最強だったモンゴル帝国軍による二度の侵略を撃退した北条時《ほうじょうとき》宗《むね》と鎌倉武士団のことも、歴史教科書は歪《ゆが》めて書いている。日本人の女性や子供を奴隷としてヨーロッパに売ったイエズス会の宣教師に激怒し、バテレン追放令を出した豊臣秀吉も、日本の歴史教育では「宗教弾圧者」のように教えられる。

ここで、駐日ジョージア共和国のティムラズ・レジャバ大使のツイート（X）を紹介しよう。

「ロシア軍旗艦沈没は日露戦争以来となりますが、日露戦争で没したロシアの『ヴァリャーグ』はジョージアでも良く知られています。

東郷平八郎・大山巌《いわお》の活躍は当時のジョージアでも広く喝采《かっさい》を浴びました」

日露戦争の日本の勝利が、当時の世界に与えた影響は甚大《じんだい》だった。とくに被征服国の人たちにどれほどの勇気を与えたか。いまや私たちはそれを外国人に教わらなければならないという体《てい》たらくだ。

民族の誇りを消し去る教育は「滅亡」への第一歩である。

（月刊『Hanada』二〇二二年六月号）

❾ 新藤義孝さん、クルド人対策をよろしく

パリの空をキャンバスに、陸・空軍機が美しいトリコロールを描いていく。ネットに流れてきたその映像を見て、「今年も無事開催できてよかった」と思った。夜にはエッフェル塔を背に花火が上がる。毎年七月十四日に催されるフランス最大の祭典だ。「Fête Nationale Française（フェト・ナシオナル・フランセーズ）＝フランス国民祭」。建国記念日と言っていいのだろう。この祭典を日本では「パリ祭」という風雅《ふうが》な名で呼ぶ。そしてなぜか、便乗するかのような「日本版パリ祭」イベントが各地で催される。その宣伝チラシには、「フランス文化に親しむ」「シャンソン」「美食」などの麗句《れいく》が並んでいる。「日本版」に集う人の大半が、二世紀前のこの日、フランス民衆がバスチーユ牢獄を襲撃したことなど皆目《かいもく》頭になかろう。牢獄襲撃はフランス革命の皮切りとなり、数年後、王妃マリー・アントワネットがギロチン刑に処されるという一つの結末に至る。

七月十四日は相当に血腥《ちなまぐさ》い日なのだが、フランスでは「民衆が王政を倒し、共和国を誕生させた始まりの日」であり、同時に「愛国の日」だともいえる。

しかし極東の「お花畑の国」の住人たちは、そうした意味を露ほども頭に置かず、今年

も無邪気に「日本版パリ祭」を楽しんだようだ。

本家本元のパリ祭の無事開催を私が気にした理由は、例の暴動だった。

六月末、警官による少年射殺をきっかけにパリ郊外の市街地で火の手が上がり、暴徒らが暴れに暴れた。

暴動の要因は移民問題にある。警官に射殺された少年も北アフリカ系移民の出自《しゆつじ》だが、この報道を「フランスの移民問題、深刻だな」と他人事《ひとごと》のように聞いていてはいけない。

実は日本でも七月上旬、フランスの暴動が対岸の火事ではないと思わす事態が起きていた。その場所とは埼玉県川口市だ。

四日夜半、百人ほどの外国人が集まって乱闘が起き、複数の逮捕者が出た。きっかけは「トルコ国籍」の男性が、同じくトルコ国籍の男に切りつけられた事件だ。四十五歳のトルコ国籍の男が殺人未遂の疑いで逮捕されたが、切りつけは容疑者を含むグループが複数台の車で被害者を追いかけたあと、起きた。

この事件後、切られた男性が運ばれた市内の病院に、百人ほどが集まって乱闘騒ぎに発展したというわけだ。

一連の報道を巡って一つ注視すべき点がある。朝日、毎日はもちろん、産経含む日本の全メディアが、容疑者、被害者、集まった百人全員を「トルコ国籍」と書いたことだ。

しかし、地元の複数の人に訊けば「ああ、クルド人でしょう」と言う。川口周辺のクルド人の大半がトルコ国籍であることは誤りではなく、警察発表にもそうあるが、大メディアがこぞって事件の関係者を「クルド人」ではなく「トルコ国籍」と書くことには、別のワケがある。

それはひとまず横に置き、川口市のクルド人を巡る深刻な近況を記そう。

騒動に先立つ六月二十九日、川口市議会で異例の意見書が採択された。標題は「一部外国人による犯罪の取り締まり強化を求める意見書」。

内容はつぎのとおりだ。

「川口市に住む四万人超の外国人の一部が、生活圏内である資材置場周辺や住宅密集地域などで暴走行為、煽《あお》り運転を繰り返し、人身、物損事故を多く発生させ、（中略）すでに死亡事故も起こしているが、（中略）警察官不足により、適切な対応ができていない」

この状況を受け、議会は三点を要望した。

①警察官を増員し、一部外国人の犯罪の取り締まりを強化すること。
②資材置場周辺のパトロールを強化すること。
③暴走行為等の交通違反の取り締まりを強化すること。

この意見書の「一部外国人」が一部のクルド人を指すことは、川口市民の間では暗黙の了解事項だ。地方議会がこのような意見書を採択することは異例中の異例。しかし、大メディアが報じた形跡はない。本件に熱心に取り組む奥富《おくとみ》精一市議によれば、「メディアの取材は一件もありません」（六日現在）という。

朝日、毎日、東京新聞は散々、「可哀そうなクルド人」キャンペーンを張ってきた。先の国会で成立した改正入管難民法に反対するためである。政治利用した「可哀そうな」クルド人が乱暴者であっては都合が悪い。だから「トルコ国籍」表記に終始するのだ。

岸田政権と自民党は今後、日本への移民をさらに増やす方針だが、いま対応を誤れば、フランスでの光景が明日の日本のものとなる。なんとしても止めねばならない。

ふと、川口の代議士は誰かと思えば、自民党の新藤義孝議員ではないか。LGBT法で見せた腹芸《はらげい》と強引さを、地元の迷惑移民対策にこそ発揮してほしいものである。

（月刊『Hanada』二〇二三年九月号）

⑩日本保守党から岸田総理への謝辞

一年前のいまごろ何をしていたかと自問すると、安倍晋三元総理の国葬に参列した日のことを思い出す。あの事件から二カ月以上過ぎても、安倍さんが亡くなったという実感を持てずにいて、でも深い寂しさと、焦りに似た感情があった。日本はどうなるのだろう。毎日そう思っていた。

半年前は、岸田政権のよいところを見つけて評価しようと努めていた。安倍総理亡き日本で、少しでもマシな選択をするしかないと思っていたからだ。河野太郎が総理になるよりはずっといい、と思っていた。

しかし、それは浅慮《せんりょ》だった。

岸田政権と「自民党」という名の巨大選挙互助会は、私たちの淡い期待を壮大に裏切って、LGBT法を通し、移民の大幅拡大へ舵《かじ》を切った。

そうか、そこまでやるのか。なら、こちらにも考えがある、と百田尚樹さんと新党を立ち上げることにした。我ながらバカである。

昨年(二〇二二年)、還暦を過ぎ、交通事故にも遭ったので、今年からは少し仕事をセーブしてゆったりとした生活に切り替えようと考えていたが、まったく逆になってしまった。人生設計は狂い、いま異様に忙しい。

当初は、政治団体立ち上げの手続きや事務を手伝ってくれる人を探すつもりだった。しかし、途中で諦《あきら》めた。というより、他人に頼るのをやめ、あらゆることを自分でやろうと決めた。私は若い頃からそういう性分で、新しいことを始めるとき、全て自分でやると腹をくくり、必死で走ることで道を見つけてきた。

今回も腹をくくって睡眠時間を削る仕事をし始めた途端、良縁がどんどん舞い込んできた。メガバンクの担当者、システム専門家、選管や総務省の人、事務所探しの協力者……。通常、政治団体では無理と一旦断られたことが、不思議と次々可能になった。さらに大きな縁にも恵まれたが、それはいま明かさない。

怒りに任せて始めたことだったが、いまでは新党準備の仕事を楽しくすら感じている。根っから人間が単純にできているのだろう。

いままで嫌いだった選挙応援も、今後は喜んでやるつもりだ。不見識な人たちに、これ以上、日本を壊されてはたまらないからである。

そんなことを思いながら日々走っていたら、不思議な現象が起きていた。

ある日、行きつけの蕎麦屋《そばや》に行くと、女将《おかみ》さんが「いま、お忙しいでしょう」と聞いてきた。普段無口なご主人も出てきて、「待ってましたって感じだよ」と。再び女将さんが「ここらの人たちは仕方なく自民党に入れていたの。民主党政権で間違えちゃったしね。だけど、いまの自民党もね。もうダメよ」。

この蕎麦屋で私は仕事の話をしたことはなかった。失礼ながら、私より歳上の女将さんやご主人がネットをご覧になっていることにも驚いた。俄然《がぜん》、力が湧いた。

同じ日、ネット上でも「事件」が起きた。

九月一日に、「百田新党（仮）」という名前で開設したX（旧ツイッター）のフォロワー数が、二週間も経たずに二十万を超えた。国政政党の公式アカウントを次々にゴボウ抜きして、自民党に次ぐ第二位となった。

まもなくX上のフォロワー数では、わが日本保守党が、自民党を抜いて一位に躍り出ることは間違いない。

もともと十月十七日の結党パーティーの日に発表するはずだった党名（日本保守党。略称は保守党）を二十万達成への返礼（？）として、大幅に前倒しして発表した。その後、フォロワーはさらに増え、政界関係者からの電話やメールも増えた。ネット上では、自民党支持者らしき人たちからの攻撃が増えている。

彼らの言い分はつぎのようなことだ。

「Xのフォロワー数で一位になっても、議席が取れるわけではない」

「新党に何ができる?」

「自民党の○○さんと組めばいい」

私は怒るどころか、あとで百田さんと呵々大笑《かかたいしょう》した。

自民党は直近の選挙ではかろうじて勝ったとしても、近い将来、大幅に力を落とすにちがいない。その理由はここで敢《あ》えて言うまい。

六十代をゆっくり過ごそうという夢は潰《つい》えたが、日本を取り戻すためなら、捨て石になっても構わない。ただし、この活動は悲壮感を持ってはやりたくない。高杉晋作の言った「おもしろき　こともなき世を　おもしろく」の精神でいく。

ここまで書いて、ふとネットに目を転じたら、岸田総理の「女性ならではの感性や共感力を期待」発言が目に入った。

三十年前の会社員時代、このセリフをおじさんたちに言われて憤慨したことを思い出す。女性ならではって何よ、と(笑)。

岸田さん、自民党の弱点を晒《さら》してくれてありがとう。そして何より、新党立ち上げという冒険の機会を作ってくれてありがとうございます。


(月刊『Hanada』二〇二三年十一月号)

第十一章

私たち、日本保守党を応援します！

完全保存版

二人の影法師●見城 徹（幻冬舎代表取締役社長）

「俺たちの舟は、動かぬ霧の中を、纜《ともづな》を解いて、悲惨の港を目差し――」

アルチュール・ランボー『地獄の季節』の詩の一節である。日本保守党の話を聞いて、なぜかこの一節が思い浮かんだ。

行く先は悲惨の港かもしれない。しかし、もう出発しないことには何も始まらない。

百田尚樹の怒りの心中はそういうことだったと思う。あるいは吉田松陰《しょういん》のこの歌のような気持ちだ。

「かくすればかくなるものと知りながらやむにやまれぬ大和魂《やまとだましい》」

想像力を駆使する小説家が現実を実際に改修する政治に挑むのは、命を取られかねないリスクを背負う覚悟が必要だ。僕は百田尚樹が新党を言い出したのを見て、その時だけの感情の昂《たかぶ》りだと考えていた。しかし、有本香の参戦を得て、熟慮断行に至った。いまの自民党に怒り、絶望し、行動に打って出たのである。僕はその怒りと絶望を支持する。百田尚樹は個体の掟《おきて》に従ったのだ。

百田尚樹に『影法師』という嗚咽《おえつ》なしには読めない時代小説がある。生涯の契《ちぎ》りを誓った二人の少年の四十数年の物語だ。

一人は藩の筆頭家老に出世し、もう一人は落魄《らくはく》し、貧困のなかで朽《く》ち果てる。

二十二年の時を経て明らかになる真実。

「あの時、おまえに何が起きた。おまえは何をした。俺に何ができたのか？」

二人の少年の影が百田尚樹と有本香に重なって見える。

二十二年後——。日本国総理大臣を出す党になるのか？　想いを溜《た》めて朽ち果てるのか？

「あの時、おまえは何をした？」

動かぬ霧の中を、出航の刻《とき》は来た。

党ではなく、人を応援します ● 武田邦彦（元中部大学特任教授）

私は百田尚樹さん、有本香さん、河村たかしさんを大いに応援しています。日本保守党という党ではなく個人を、です。「え!?」と違和感を覚えた読者がおられるかもしれません。これを誰も言わないんですが、憲法には「党」なんていう記述は一切ありません。「国民は代議士を選ぶ権利を有する」と書いてある。すなわち、選挙は国民が「候補者」を選び、その人が「代議士」として国民の代わりに国会で政策や法律などを決める。あくまでも日

本の選挙は「人」を選ぶものであって、党は関係ない。「党」は選挙で選ばれた人が国会で活動するのに、都合の良い時には「党を作っても良い」という程度の位置づけなんです。党があって、議員がいるわけではない。だから、党議拘束とかマニフェスト政治なんて憲法違反の最たるものです。この本の「日本保守党を応援します」も憲法違反ですよ（笑）。「百田さん、有本さん、河村さんを応援します」と打たないと。

いまの小選挙区制も憲法違反です。僕の選挙区もそうですが、自民党から一人、あとは野党から二、三人が出る程度で、「人」を選ぶことになっていない。しかも地盤、看板、鞄《かばん》がものすごく強力で、新人がなかなか出られない地域が多い。国民の投票権を奪っている。だから本当は一県一区ぐらいの選挙制度にしなければならない。これはいまの政治じゃ絶対無理です。

それと実際に参政党で選挙に出馬してこれは大問題だと思ったのは、党が票をコントロールできてしまう選挙制度だということです。僕は参院の全国比例区から出馬したんですが、集客を分析した党が指示した演説場所で演説をするわけです。結果は分析のとおりに票が入った。見事なもんですよ。つまり、国民が投票権を持っているようで、実はそうなっていない。やる前から結果がわかっているわけだから。実体験として、「この選挙制度を打破しなければ日本はよくならない」と確信しました。

そもそも、私は百田さんや有本さんよりもっともっと右寄り。高齢者愛国軍を作って、「日本文明が世界で最も優れているのだから早く世界を日本文明にすべき」と考えて行動しているぐらいですから（笑）。

河村さんとは三十年の付き合いになりますが、彼がリベラルだなんて中日新聞のでっちあげです。彼はもともとは民社党出身ですから。南京発言や中国総領事館による国有地買収でも毅然と対応した。僕と全く同意見です。

強《し》いて河村さんの「リベラル性」と言えば、僕と同じ「トヨタの会長と母子家庭のお母さんは給料を同じにすべき。自動車を作る会社のトップと日本の未来を創るお母さんは同じぐらい偉い」と考える思想でしょうか。

党ではなく、人です！　日本文明を大切だと思っている人材が立派な議員になって、日本を大いによくしてもらいたい。

政治の世界の大ヒットを● 茂木健一郎（脳科学者）

百田尚樹さんには、一時期ツイッター（X）でブロックされていたことがある。

いまは解除されたけれども、当時の私の言動でお気に召さないことがあったのだろう。私のほうは、小説家、教養人としての百田さんに注目してきた。クラシック音楽や囲碁など、幅広い分野に関心をお持ちだ。三十五年間『探偵！ナイトスクープ』の構成作家をされてきたことからもわかるように、広く世事《せじ》にも通じている。

その百田さんがジャーナリストの有本香さんと立ち上げた「日本保守党」は、いまの日本の政治地図のなかで空いた場所を担《にな》うことのできる存在だと思う。有権者の政治的な立場には多様性がある。そのスペクトラムのさまざまな場所を担う政党がないと、フラストレーションが溜《た》まってしまう。

現状では十分とは言えない民意の受け皿としての日本保守党に期待したい。

保守とはなんだろうか？　言い尽くされたことだが、自分たちの固有性を受け入れてそれを発展させることだと思う。また、理性や理想といったものの限界を知っているということだと思う。このあたりの身体感覚を伴った知が、百田尚樹さんにはある。

保守というと、歴史認識が常に議論になるが、私はそれよりも、これからの日本の繁栄の条件を冷静かつ現実的に見据《みす》える視点をこそ日本保守党に期待したい。国際情勢は激変しつつある。日本国内の状況も従来の常識が通用しない。このような時代に、人の心の機《き》微《び》に通じた百田尚樹さん、有本香さんとそのお仲間たちによる大胆かつ堅実な「国家建設」

（ネイション・ビルディング）の策を待つ。

イメージするのは、かつての英国の困難な時期を乗り越えた名宰相、ウィンストン・チャーチルのようなバランスの良い叡智《えいち》。ネットではいろいろと尖《とが》ることもある百田さんだが、その根底にあるのは教養に裏付けられた柔らかなヒューマニズムだと思う。

『探偵！ナイトスクープ』や数々の小説などの流行を生み出してきた百田さんから飛び出す、政治の世界の大ヒットを期待する。

国士百田尚樹の本領発揮を！ ● 川淵三郎（日本トップリーグ連携機構会長）

月刊『Hanada』の誌面で百田尚樹さんが新党を結成することを知り、「これはおもしろいな」とまず思いました。
百田さんはベストセラー作家で、私も著作をたくさん読んでいます。特に、『日本国紀』は出てすぐに読んで「いい本だなぁ」と思いました。幅広い世代に読者を持っておられる百田さんが作る新党に、一体どの世代の、どんな人が応援するのか——そこに一番興味を持っています。
きっと、私と同じような読者が百田さんを支持するはずですから、百田さんはその歴史観をベースにして、誰もが認めるような政党へと成長してもらいたい。

現在、「日本がどこかの国に侵略されるなんて起こりえない」と思っている日本人は多いですが、まさにそこが問題なのです。危機感を持って考えている人が極めて少ない。そんな人たちに日本保守党が刺激を与えることは、日本にとって大事なことだと思います。

とはいえ、想像するに、そういったことを訴えれば、すぐに「戦争好きな右翼」と揶揄《やゆ》をされるでしょう。しかしそんなことは気にせず、百田さんがいま案じていること、考えていることを主張していけばいい。

最近思うのは、かつては赤尾敏《あかおびん》さんのような人がいて、最右翼として日本の将来を含めて街頭演説などで訴えて政治を刺激する気概のある政治家がいましたが、いまは全くいない。

もちろん、百田さんと赤尾敏さんは全く違いますし、手法ももっと穏やかなものになるかと思いますが、「日本のために頑張る」という気概は同じであり、私はそれを応援したい。

正直に言えば、私自身は自民党支持者ですので、すぐに日本保守党に投票をすることはありません。しかし、国士百田尚樹が、日本の政治をどれくらい活性化してくれるのか見守りたいし、日本のために頑張ろうという百田さんの気持ちは尊《とうと》いものだと思っています。

ぜひ新党で、国士百田尚樹の本領を発揮してもらいたいと期待しています。

「政党2・0」だ！ ● 飯山 陽（イスラム思想研究者）

作家の百田尚樹氏とジャーナリストの有本香氏が新党を立ち上げた。その名も「日本保守党」だ。

日本保守党は壮大な社会実験である。テレビや全国紙といった大手メディアは、一顧《いっこ》だにしない。ところが二〇二三年九月一日にSNS「X」で発信を開始するや否や、わずか十五日間たらずで自民党の公式アカウントのフォロワー数二十五万人を抜き去って、全政党第一位となった。

筆者は八月末にタイの首都バンコクに一週間ほど滞在したが、市内を歩いていただけで複数の日本人から「百田さんの政党、応援してますよ！」と声をかけられた。現地の知人からも激励された。

これはインターネット時代ならではの現象だ。それ以前は、大手メディアの報じない情報を一般国民が入手する手段はほとんどなかった。ところが、いまはメディアベースに乗らずとも、個人が自らインターネットを使って発信できる。YouTube ならば映像配信することもできるし、SNSで情報を共有することもできる。

筆者はイスラム教の研究者であり、インターネット時代のイスラム教を「イスラム2・0」という分析概念を用いて論じてきた。インターネットの普及により、宗教教義が一部の学者だけに占有されていた時代から、誰もが教義に直接アクセスできる時代になり、イスラム社会は抜本的に変化した。

日本保守党にも同じことが言えそうである。インターネットの普及により、政治についての情報が大手メディアに独占されていた時代から、誰もが政治について語り発信できる時代になり、日本の政治のあり方は抜本的に変化しようとしている。日本保守党は「政党2・0」だと言っていい。

この社会実験の成否は、我々一人ひとりの国民に委《ゆだ》ねられている。どうなるかわからないからこそ、面白い。

皇統を守る政党に ● 竹田恒泰（作家）

インターネット番組などで縁のあった百田尚樹氏と有本香氏が、河村たかし氏を共同代表に迎えて日本保守党を結党なさったことに際して、お祝いの言葉を申し上げたい。

特に、有本氏とは『虎ノ門ニュース』で長年ご一緒させていただき、皇室への憂慮を共有してきた。近年、皇室を取り巻く環境は厳しさを増し、特に皇位継承に関しては男系の皇位継承者を確保するために可及的速やかに法整備をする必要がある。

しかし、菅義偉内閣で発足した有識者会議が報告書をまとめたにもかかわらず、岸田文雄内閣ではいまのところ皇室典範改正への動きが見られない。安倍晋三元総理が存命であれば、自民党が皇位継承問題で適切に対処してくれると期待されたが、岸田総理にはその意欲が見られず、次期総裁候補に名前が挙がるのは皇統を破壊しかねない顔ぶればかりで、河野太郎氏のように女性・「女系」天皇を支持して憚《はばか》らない人物も名を連ねる。

よく自民党は「保守政党」と言われるが、それは事実ではない。女性・「女系」天皇を可能とする皇室典範改正を試みたのは、ほかならぬ自民党だった。自民党には幅広い思想の議員がいて、皇室を守る意識を持つ人は、むしろ全体的には少数派と見られる。

自民党以外では、皇統の男系維持を方針とする党もあるが、女性宮家を認めるか、女性天皇を認めるかで議論が定まらない政党ばかりで、男系継承のリスクとなる女性宮家や女性天皇の可能性を排除し、確実な男系継承の確保を方針に据《す》える政党はない。

日本保守党には、正統なる男系継承論を党の方針とし、与野党の皇位継承議論をリードしていく存在になっていただくことを願っている。

百田氏は「ＬＧＢＴ法に怒り、結党した」という。私も同じ危機感を抱いている。党内手続きを無視して進められたことも然《さ》ることながら、それを止められない自民党保守派の力のなさに驚嘆した。

迷走する「安倍なき自民」を、正しい方向に導く存在になっていただきたいと思う。

この母にしてこの子あり！ ● 山口恵以子（作家）

畏友《いゆう》畠山健二氏は六十六歳で終活を始めた。畠山氏の親友百田尚樹氏は六十七歳で新党を立ち上げた。

終活と新党。三十歳ならいざ知らず、四捨五入して七十歳になる人ならば、ほとんど終活を選ぶだろう。にもかかわらず百田氏が新党結成に至ったのは、「やむにやまれぬ大和《やまと》魂《だましい》」だったからに違いない。

百田氏の決意を知った有本香氏も、その意気に感じて行動をともにした。有本氏だって会社員なら定年に近い年齢で、平穏な老後と引き換えの決断だろう。

お二人をそこまでの「暴挙」に駆り立てた直接のきっかけは、自民党がゴリ押ししたＬＧＢＴ法案だった。しかしそこに至るまでには、腹に据《す》えかねることが山のようにあったのだろうと拝察する。

正直、私も「しょうがないから自民党」だった。別に自民党が最良の政党と思っているわけではないが、他に選ぶべき政党がなかったので、仕方なく。それでも、安倍晋三元首相がご存命の頃はまだ良かった。この方がいる限り、自民党は国の舵取《かじと》りを間違えずにやっていけるだろうと、心の隅で信頼できた。

しかし安倍元首相が暗殺されてから、自民党は糸の切れたタコ状態となった。そして、決して踏み越えてはいけない一線を越えてしまった。いまはもう、自民党に国の舵取りを任せることは容認できない。

日本保守党。日本の国柄《くにがら》を守りつつ、より良き国づくりを行ってゆく政党。私はこの政党を支持する。

九十七歳のお母様が百田氏に送った手紙が素晴らしい（https://www.youtube.com/watch?v=HkkN6zqw6dE）。敵の多い身で新党を立ち上げた息子を案じつつ、私利私欲や他人の煽動《せんどう》でなく、真に国を思い、国民の幸せを願っての行動なら、必ず思いは通じると書かれている。情理を尽くした文章に、お母様のご人徳が偲《しの》ばれた。この母にしてこの子あり！

私もすでに前期高齢者。半世紀前なら「老婆」と言われた年齢だが、日本保守党を全力で応援します！

「カエルの楽園」を覚醒させる● 井沢元彦（作家）

日本は長年の誤った歴史教育のために、国民の平和ボケが進行し独裁者プーチンのウクライナ侵略を目《ま》の当たりにしても、まだ「平和憲法を守れば良い」などという妄言《もうげん》を吐く人間、「憲法真理教」の狂信者が満ち満ちている国で、まさにあなたが書いた「カエルの楽園」そのままです。

行政府が真剣に守ろうとすればするほど国家も国民も守れなくなる現在の日本国憲法は、論理的に言えば欠陥憲法としかいう他はなく、これは世界のどこでも通用する議論のはずですが、日本だけがまだそういう主張が非難の対象になります。

目先の平和を優先するあまり、真の平和を実現する抑止力を軽視する傾向も日本人の「病気」と言うべきものでしょう。一九五〇年朝鮮戦争が勃発《ぼっぱつ》したのも、アメリカ合衆国のディーン・アチソン国務長官（当時）が、「アメリカが責任を持つ防衛ラインは、フィリピン─沖縄─日本─アリューシャン列島まで」と発言したのが原因です。つまり北朝鮮の独裁者金日成《キムイルソン》は「ならば朝鮮半島の内戦にはアメリカは介入しないのだな」と思い込んでしまった。実際はそういうつもりではなかったようなのですが、このアチソン宣言が戦争を誘発したというのは現代史の常識です。

現在、中国が台湾侵攻を事実上「宣言」しているのに、日本には「戦争に巻き込まれない」とばかり考えている人間が大勢いるのは実に嘆《なげ》かわしい。もし民主国家台湾が中国に併合されたら次は日本の番だということが、どうしてわからないのでしょうか。

こうした人々を説得し日本を変えていくのが政治家そして政党の役割ですが、事は大変難しい。しかし、それを達成しないと日本は亡国の危機に見舞われます。ここはぜひ頑張ってください。前にも直接申し上げましたが、私は歴史家として日本人を平和ボケや抑止力アレルギーから覚醒させることに全力を傾注し「援護射撃」とさせていただきたいと思っています。

百田さんが日本にいてよかった ● デヴィ・スカルノ（国際慈善家）

百田尚樹さんのような方が日本にいて下さって、本当によかったと思います。百田さんとは田《た》母《も》神《がみ》俊雄さんが都知事選に出馬した際の応援演説でご一緒したり、アパホテルのパーティーなどでもお目にかかっていますが、私と思想信条が全く同じです。

なので、日本保守党の政策を見ても大賛成なものばかり。皇統を守るため宮家と旧宮家との間の養子縁組、憲法九条改正、自衛隊法改正、海上保安庁法改正、スパイ防止法の制定、外国勢力による不動産買収の禁止、LGBT理解増進法の改正、減税、議員の家業化禁止などなど、ようやくこのような正論を謳《うた》う政党が立ち上がったかと嬉しく思います。

いまの政治家は腑抜《ふぬ》けのようです。ソウルの日本大使館の前に慰安婦の像が建てられた時、なぜすぐに抗議をしなかったのか。韓国が竹島を実効支配、対馬《つしま》列島にも手を伸ばし、中国は尖閣諸島の領有権を主張、ロシアは北方領土を支配、公船は津軽海峡に侵入、このような時世にあっても、日本政府は延々と形式的に遺憾を表明するだけです。

恐ろしいことに、国土もどんどん外国人に買われています。

少子化にも歯止めがかからず、いまや三人に一人は六十五歳以上。このままいけば、人口は八千七百万人、労働人口は五千万人にまで減る推計です。言うまでもなく、人口減少は国力低下と同義です。

百田さんは「『このままでは日本が消滅してしまう』と危機感を募らせて新党を結成した」とおっしゃっていますが、全く同感です。私はあと三十年、遅くとも五十年で日本はなくなる、と本気で危惧《きぐ》しています。

世界観のない政治家、偏見の多い日教組、日和見《ひよりみ》主義のジャーナリズム――日本をダメにした三大悪によって、日本人は誇りも自信も失ってしまいました。教育現場では未だに自虐教科書が蔓延《はびこ》り、子供たちに自虐史観を植え付けています。中韓に遠慮して、首相が靖國神社に参拝できずにいます。「内政干渉はするな。靖國神社は日本の心であり文化である」と両国に毅然と言える政治家が、なぜ日本にはいないのでしょうか。外圧に決して負けない、日本の誇りを取り戻せる、気骨《きこつ》のある政治家の登場を願うばかりです。

日本保守党、応援しております。

行き場をなくした国民の受け皿 ● 北村晴男（弁護士）

安倍元総理が暗殺され、羅針盤《らしんばん》を失った日本がどうなっていくのか、不安だった。私はそもそも自民党員ではないし、自民党支持者でもないが、ほかに選択可能な政党がなく、消去法で自民党を選択してきた。

しかし、安倍元総理という保守の要《かなめ》を失った自民党ではもうダメだ、このままでは日本はもたないと思った最後の象徴的な出来事が、岸田総理が強引に押し通した「ＬＧＢＴ法」である。多くの保守層はこれに怒った。

怒るだけではなく行動に移したのが、百田さんと有本さんである。私を含め、行き場をなくした国民の受け皿となる保守中道の政党、日本保守党はこうして立ち上がった。

私と百田さんは同じ六十七歳だが、いくら元気があるといってもこの歳で何か新しいことを始めるのは容易ではない。そもそも若いときと比べて、エネルギーが圧倒的に不足している。

百田さんはこれまで「右翼」だとか「極端な人」だとか、多くのレッテルを貼られてきた。なぜ左派が百田さんを攻撃するかと言えば、彼の主張が、左派の胸にグサッと刺さる「不都合な真実」だからだ。

有本さんも同じである。彼女は元々、行動力を持った日本の知恵袋であり、百田さんや私と違って頭のなかが良く整理されている。彼らに左派が正面からぶつかっても全く歯が立たない。だから、レッテルを貼るか、無視するかしかないのである。

マスコミも左派と同じ行動原理だ。いまのところ、マスコミは「無視」を決め込んでいる。名古屋や東京の秋葉原《あきはばら》、新橋では生まれたばかりの日本保守党の街頭演説に数千人の人が集まり、維新のお膝元の大阪・梅田では、当局が中止命令を出さざるを得ないほどのエネルギーが渦巻いた。

それでもマスコミは「報道しない」戦略を取る。日本保守党の存在と、それに集まる大きなエネルギーを国民に知らせたくないという強い意志を感じるのは私だけではあるまい。

だが、マスコミはいずれ「レッテル貼り」に舵《かじ》を切るだろう。両人ともマスコミに負けるような柔《やわ》ではないが、私は法律顧問として、彼らを支えていきたい。

我々はそう長くは生きられない。だが、保守中道の当たり前の理念に共感する若い人たちのエネルギーが、今後の日本を変えてくれるだろう。

そして将来、日本のスタンダードがグローバルスタンダードになるようなエネルギーを彼らが発揮してくれることを切に願っている。

御霊が微笑む政党 ● 早坂　隆（ノンフィクション作家）

歴史観とは国家の土台である。歴史観が軟弱であったり、見当違いであれば、その上に立つ個々の政策は歪《ゆが》む。

戦後七十八年。まっとうな歴史観を感じさせる政治家が減った。弁は立つ。器用。受験勉強もさぞできたのだろう。しかし、日本という国家を成り立たせている「祖国の歴史」について、あるいは「先人の歩み」について、深い思いとまなざしを有する政治家が、次第に減っているのではないか。

とりわけ深刻なのが、大東亜戦争に対する認識である。先の大戦を「侵略戦争」の一語で片付け、GHQによる一方的な東京裁判史観をそのまま受け止め、御霊《みたま》への慰霊にさえ無関心。そんな政治家が、左派政党はもちろんのこと、保守を自称する政党のなかにも、いかに多いことか。終戦の日に、内閣総理大臣が近隣国への配慮を理由に靖國神社に参拝できないなど、およそ保守政権下とは思えない状況が近年も続いている。

終戦の日に堂々と参拝し、御霊に対して哀悼《あいとう》の誠を捧げれば良い。アメリカに対し、堂々と原子爆弾の国際法違反を指摘すれば良い。中国に対し、堂々と南京大虐殺を否定すれば良い。ロシアに対し、堂々と抑留《よくりゅう》の非道を訴えれば良い。韓国に対し、堂々と慰安婦像の撤去を求めれば良い。

そして、堂々と憲法を改正すれば良い。

現在の日本の姿を、特攻などで命を散らした御霊は、どのような思いで眺めているか。飲食店での迷惑動画、あおり運転、くだらぬワイドショー。日本はどうなってしまったのか。こんな日本にするために、我々は命を投げ出したのではない。そう涙しているのではないか。

そんな彼らに優しくハンカチを差し出し、これまでの国づくりの失敗を謝し、御霊が思わず微笑むような国のあり方を目指すことのできる、そんな政党の登場を望む。日本保守党に期待したい。

「岩盤保守層」の声を国政に ● 猫組長(評論家)

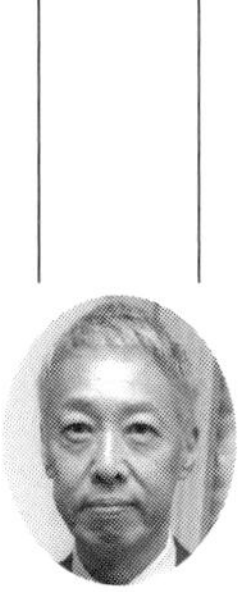

私事だが、二〇二三年十月三日より北海道にツーリングに出かけた。青森・函館のフェリー乗降港で出迎えたのは、私のXのポストを見た日本保守党の党員だった。末席党員の私だが、「仕事を抜け出してでも会って熱意を伝えたい」とのこと。「日本保守党」に対する期待感は熱を帯びて列島に蔓延《まんえん》していることを実感した。

この「ハイカロリー」な人たちを生み出す土壌が「自民党=保守」という「誤解」だ、と私は考えている。そもそも、自民党が「保守政党」だったのは安倍晋三総理時代のみだ。疑問に思う人は是非、自民党の「政綱」を読んでほしい。「政綱」は「結党宣言」に併記されているということで、「党是」とも言える重要な指針だ。

要約すれば、自民党は①愛国教育②行財政の一体化③持続的経済成長の実現④福祉の充実⑤外交⑥憲法の自主改正の「六つの政綱」を掲げている。

自民党が「保守」と思われているのは、このうち①、⑤、⑥があるからだ。歴代自民党総裁の顔を思い浮かべれば自明の理で、①、⑤、⑥を行ったのは安倍元総理ただ一人である。①は二〇〇六年の教育基本法改正、⑤は「ＦＯＩＰ」（自由で開かれたインド太平洋）の発案、⑥は国民投票法の成立だ。若干《じゃっかん》乱暴な言い方をすれば、安倍政権以外の自民党は「国政政党」で、安倍政権時代のみ「保守政党」だったということになる。

岸田政権が安倍政権でもできなかった「安保三文書改定」を行う一方で、安倍元総理が頑《かたく》なに拒否していた「ＬＧＢＴ法案」を成立させたのは「国政政党」に戻ったからだ、と私は考えている。

問題は、長期の安倍政権時代に育った「岩盤保守層」だ。この人たちは「クルド人難民」を自称するトルコ人による「移民問題」や、「ＬＧＢＴ法」にノーを突きつけている。

この層の声を国政に届けるパイプが閉ざされているのが、「安倍後」の日本だ。日本保守党は民意によって必要とされている。それゆえに、私は日本保守党を応援するのだ。

有本氏の「宣戦布告」に共感 ● ジェイソン・モーガン（麗澤大学准教授）

百田尚樹氏と有本香氏が日本保守党を立ち上げる契機となった二〇二三年六月のＬＧＢＴ理解増進法成立。あの時、日本の愛国者が初めて自由民主党に裏切られたわけではない

ということをまず確認しておきたい。

歴史を遡《さかのぼ》ると、自民党が継続的に政界を司《つかさど》る「五五年体制」がワシントンの力を背景に成立して以降、自民党は、いわばワシントンの指示を受けながら日本の愛国者を裏切ってきたと言える。

LGBT法案が日本保守党結党のきっかけとなったのはたしかだが、より長期的な視座で歴史を俯瞰《ふかん》すれば、日本保守党の設立は、五五年体制という、いわば腐敗しきった制度に象徴される「戦後レジーム」の産物であり、常にワシントンの側を向き、日本の愛国者を裏切り続けてきた自民党政治の身から出た錆《さび》と言えるのではないか。したがって、本来であれば、日本保守党は一九五五年の時点で結党されるべきだった。

私は一人のアメリカ人として自民党に蠢《うごめ》くフェイク保守系政治家たちが、これ以上、日本の愛国者たちを愚弄《ぐろう》するのを黙って見てはいられない。

街頭演説で百田氏は、ある自民党の有力政治家から有本氏のもとに「日本の保守を割るな！」などと恫喝《どうかつ》ともとれる電話がかかってきたことを明らかにしている。

それを受けて、有本氏はそうした恫喝をしてくる自民党の政治家たちに「後悔させてやりたい」と毅然たる姿勢を示した。私は、この有本氏の「宣戦布告」ともとれる堂々たる姿勢に強く共感した。

日本保守党は船出したばかりで、これからどのような成果をあげてくれるかはまだわからない。しかし、日本保守党という真正保守政党がいま日本にある、その存在価値だけで、すでに日本保守党は大成功していると高く評価されて然《しか》るべきだ。

これまで日本の愛国者を裏切り、ワシントンのポチとして生まれ育ち呆《ほう》けた自民党の政治家らにもっと後悔を味わってもらいたい。

日本の愛国者を代表する日本保守党には、引き続き容赦なく戦っていただきたい。

ジャパン・ファーストの政策 ● 加藤康子（産業遺産国民会議専務理事）

有本香さんから日本保守党の結党を伺った時、思わず「やめたほうがいい、大変なリスクを伴う。政党をつくるのは莫大なお金がかかり、運営するのはもっと大変だから」と言った。「これまでの新党の失敗の愚は繰り返さない。全く違う方法で行う」明るい口調でそう言う有本さんを見て、百田さんと有本さんの二人なら、ひょっとしたら奇跡を起こせるかもしれないと思った。

二人の「やむにやまれぬ思い」には共感する。日本ではいま脱炭素の美名の下《もと》、「日本の国力弱体化」が急速に進んでいる。少子高齢化で人手不足のなか、日本経済を支えるモノづくりの現場を守るための施策が打てていないからである。

ただ、断わっておくが、私は岸田総理が躓《つまず》いて、「小石河」が出てくることは望まない。日本弱体化政策が進むからだ。

日本保守党は重点政策で、再エネ賦課金《ふかきん》の廃止やEVへの補助金廃止、火力発電、外国勢力による不動産買収の禁止を掲げており、強く賛同する。だが、あえて言わせていただくと、それでは不十分である。重点政策に原発再稼働はもとより、リプレースや次世代原発の新増設も盛り込んでもらいたい。安価で安定した電力に原発は欠かせず、予備電力の確保のため新規の原発や火力を開発しないと、未来の世代に禍根を遺《のこ》す。電力なくして国家の成長はない。国民生活の安定もない。

いまや全国の山林を次々と伐採し、国土を切り売りして中国製の太陽光パネルを敷き詰めているが、風力でも太陽光でも日本の電力を賄《まかな》っていくことはできない。外国資本による再エネや国土買収など論外である。私権の強い日本で、国土やインフラを外国勢力に委《ゆだ》ねることは、国家安全保障上の大きなリスクを抱えることになる。

EV推進にしても、日本の基幹産業である自動車産業に負の影響がある。だが、メディアでは連日、「中国のEVが世界最強」「日本製は歯が立たない」などEV礼賛《らいさん》が躍る。EV化が進めば、日本が得意とする内燃機関のエンジンとトランスミッションが電池とモーターに代わり、地方経済を支える多くの部品メーカーが廃業に追い込まれるだろう。

一方、この半年、世界のＥＶ需要は冷え込み、ハイブリッドが伸びている。それに伴い、欧米の自動車メーカーはＥＶ車の生産調整を始めたが、メディアはその事実を報じない。中国も上限八十五万円、自治体も数十万円の補助金をＥＶの購入補助に充《あ》て、台数を増やそうと必死だ。要は、ＥＶは補助金を投入しなければ成り立たない市場なのだ。しかも、その補助金の向かう先は中国製のバッテリーメーカーである。

日本保守党には「ジャパン・ファースト」の政策を期待したい。

有本さんの双肩にかかっている ● 畠山健二（作家）

日本人には愛国心がある。それが剝《む》き出しになるのがスポーツだ。野球のＷＢＣや、ワールドカップでサッカーやラグビーを応援する人たちの熱狂ぶりを目《ま》の当たりにすると、たしかに日本人を愛する心があるのだと実感する。
これが、スポーツ以外の愛国心となると、途端にトーンダウンしてしまうのだ。原因はやはり敗戦なのだろう。日本人はあちこちから聞かされた非難や糾弾によって、心に罪悪感を植えつけられてしまった。もちろん反省することは多く、謝罪をしなければならない

ことも多い。その結果、すべてを一緒くたにされてしまい、何を言われても頭《こうべ》を垂れて謝るしかないという習慣が身についてしまったのだ。「勝てば官軍」とはよく言ったもので、戦勝国が戦後、酷《ひど》いことをしても、文句も言えず、従うしかない……。

だが、日本には世界に対して胸を張れる文化や秩序がある。その誇りまで失うことはない。日本保守党の結党意義はそこにあると思っている。だから、日本保守党を応援したくなるのだ。

現在は多くのマスコミが〝左寄り〟になっていて、保守を名乗ると悪者扱いされる。だから真っ当な意見を述べられる人が少なくなった。それが、保守政党だと思っていた自民党議員に蔓延《まんえん》しているのだから、モヤモヤしている国民は多いはずだ。保守、リベラルなんて括《くく》りはどうでもよい。真っ当なことを国の内外に向けて堂々と発信できる日本保守党に期待する。

百田尚樹とは四十六年の付き合いで、私の兄貴分的な存在だ。彼をよく知っているだけに、百田尚樹が画面に登場するとヒヤヒヤする。

「余計なことを言うなよ」

「そこでやめとけよ」

「あーあ。言っちゃった」(笑)。

有本香さんの存在は大きい。有本香さんはいつも冷静だ。百田尚樹の隣にいてくれると安心できる。有本香さんからメールをいただいたことがあるが、とても丁寧で優しい文体。あの舌鋒《ぜっぽう》鋭さは感じられない。永遠の五歳児、百田尚樹とは違って大人なのだ。有本さん、日本保守党はあなたの双肩《そうけん》にかかっています。百田尚樹さんのこと、どうかよろしくお願いいたします。

歴史に残る救国政党に ● 織田邦男（麗澤大学特別教授・元空将）

作家の百田尚樹氏と、ジャーナリストの有本香氏が新党を立ち上げるという。大いに賛成であり、期待したい。

安倍晋三元首相が凶弾に斃《たお》れてから、日本は羅針盤《らしんばん》を失ったタンカーのように漂流を始めた。自民党はいまや見る影もない。派閥内の権力闘争に明け暮れ、価値観の違う公明党から選挙協力を得るために汲々《きゅうきゅう》としている。

岸田政権は、一体何をやりたいのかさっぱり見えない。何より、国家観そのものがない。岩盤支持層が愛想《あいそ》をつかすはずだ。支持率は下がり、今後も回復は難しい。

もともと差別などない日本において必要のない「ＬＧＢＴ理解増進法」を、碌《ろく》な審議もせずに成立させた。それればかりか、「理念なき移民政策」「増税路線」「対中戦略欠如」など、国家崩壊路線を突っ走っている。喫緊《きっきん》の課題である「憲法改正」については「ヤッテル感」を装うだけで、真剣みが感じられない。

かつて「日本列島は日本人だけのものではない」と言った愚昧《ぐまい》な宰相がいた。自民党のなかからも、「人口減少の地域を支えるのは日本人である必要はない」と公言する議員が出てきた。次期首相候補ナンバー2というから驚きだ。議員から「祖国」が消えた。自民党も天下国家を語れなくなった。日本の伝統、文化が蔑《ないがし》ろにされ、社会の根幹をなす家庭や皇室制度が破壊されようとしている。さりとて立憲民主党を筆頭とする左派野党は論外だ。日本はいま、崩壊しつつある。

こんな時、「祖国」を取り戻し、天下国家を語れる百田、有本両氏が新党を立ち上げるのは時宜《じぎ》を得ている。両氏とも知名度があり、突破力がある。「ノイジー・マイノリティ」という左翼のお株を奪い、真正保守として大いに吠《ほ》え、政界に「喝っ！」を入れてもらいたい。

かつて石原慎太郎元都知事が結成した「次世代の党」のように、長続きはしないかもしれない。それでもいい。政界に新旋風を巻き起こし、真っ当な保守とは如何《いか》なるものか、国民が覚醒するようになれば、それは歴史に残る救国政党となる。

有本さん、まず静岡県知事に ● ほんこん（芸人）

日本保守党にはいま希望しかありません。百田さんが結党を決意するきっかけとなったLGBT法案には、僕も「自民党内で反対が多数やのになんで通ってんねん。民主主義をバカにしとんのか」と怒り心頭でした。

百田さん、有本さんの思い、言うてはることに共感するし、日本保守党が掲げる三十七項目の重点政策を見ても、皇統の継承、安全保障、エネルギー政策など、国家の根本となる政策に大賛成。なんで応援せえへんのか逆に訊きたい。

大阪での街頭演説を聞きに行ったんですが、残念なことに演説は中断してしまったけど、聴衆は静かに聞いて周りにも配慮したりと、大きな混乱は起きていなかった。あれを見て、「あ、日本の保守派はしっかりしとんな」と思いました。と同時に、「皆、やっぱ安倍総理亡きあと、ちゃんとした保守政治を待ち望んでるんとちゃうかな」って強く感じたんです。

でも、マスコミはあの大阪街宣を一切報じない。「政治家がいてないから」「まだ政党じゃないから」なんて言い訳しとるけど、アホかと。あんだけの人が集まって、緊急車輛が二十三台も駆け付けたのは社会現象やないの？　Xのトレンドにもばんばん上がってたやないか。自分ら、よくトレンドを順位付けて番組でやってるやん。なんで日本保守党はやらんの?

要は、自分らと考えが違うから目障《めざわ》りなんでしょう。「報道差別」してもあれだけの人が集まって、党員も拡大して、悔しいんでしょう。アンチの大半は妬《ねた》み。「極右」なんてレッテル貼りも毎度のことやけど、なんで日本を一番に考えてもの申すことが極右なの?

テレビのコメンテーターもしょうもないのばっか。ワイドショーに出てる芸人に「日本保守党のこと、なんで言わへんの」と訊いたら、「自分はほんこんさんみたいに強くないんで」と。もう腐っとる。政治的な発言したら損や、仕事なくなると思っている芸人ばかり。ほんま情けない。

先日、「日本保守党って、どう思う」と、僕が座長を務めているルミネtheよしもとの楽屋で若手の芸人に訊いても、「なんですか?」「いや、百田尚樹さんの」「あ、探偵!ナイトスクープの(放送)作家の人ですよね」。この程度なんです。平和ボケ。「お笑いができるのも、平和があってこそ」ということがぜんぜん分かってへん。

もう日本保守党には、マスコミが報じざるを得ないほど大きく育ってほしい。

で、有本さんにはまず静岡県知事になってもらってリニアを通して、次に東京都知事、その次は北海道知事、そして大阪府知事に是非。偶然かな、どれも某国と関係が深いところばっかやね（笑）。

百田さんは政治家にはなりはらないほうがええと思います（笑）。いらん神経つこうて、発言切り取られて足元すくわれかねんから。おっしゃっているように五年、十年を見据《みす》えて、ええ人材を育て国政におくってほしい。

大事なのは日本がよくなること、それに尽きます。なので、できれば保守同士で喧嘩するのはやめてほしいな（笑）。

日本国民の〝気づきの党〟へ ● 門田隆将（作家・ジャーナリスト）

「ＬＧＢＴ法案が成立したら保守政党を立ち上げます」――二〇二三年六月十日、作家の百田尚樹氏がそう宣言した時、私は「ついに」と思った。
岸田文雄政権がゴリ押ししたＬＧＢＴ理解増進法が、いかに女性と女児の「命と人権」を危機に晒《さら》すか、そのことに限りない怒りを持っていたからだ。
いうまでもなく政治家の最大使命は、国民の生命と財産、そして領土を守り抜くことにある。だが、自民党は「私は女」と自称する身体男性が女子トイレや女風呂、女子更衣室に入る〝根拠〟となり、さらに年端《としは》もいかない児童に同性愛を教え込む法律の成立へと突き進んでいった。

このことに怒りを持ってはいても、実際に行動に移せる人間はいなかった。しかし、百田氏は自らの宣言通り、これを実行した。

もとより衆院選は「小選挙区制度」であり、〝巨象〟自民党に対して保守政党を立ち上げたところで事態が変わるとは誰も思わないだろう。だが、政党をつくり、「この政策はこが間違っている」と具体的に示せば、「ああ、そうだったのか」「その通りだ」と人々に気づいてもらうことはできる。日本保守党と正式名称を発表した百田氏は、北朝鮮の弾道ミサイルが発射された際、早速、

「日本保守党は政府に北朝鮮への制裁拡大を求める。まず現在、朝鮮総連の最高幹部と一部技術者対象の〝再入国禁止〟の制裁を総連中央委員と専従職員に拡大すべきである」

と発表した。北朝鮮に行く朝鮮総連中央委員と専従職員すべてが日本に再入国できなくなれば、資金の持ち運びをはじめ、あらゆる北の支援活動に支障が出る。これは北だけでなく、遺憾砲しか撃てない〝気の抜けたサイダー〟岸田首相への痛烈な一矢《いっし》だった。

それは国家観もなく、あらゆる危機に無関心で、日本が崩壊する政策を平気で続けるエリート官僚や政治家への保守・現実派からの怒りの狼煙《のろし》でもあった。

今後、あらゆる事象で日本保守党が「あっ」というような見解や動きを見せるだろう。

それが政界・官界のみならず国民全体への〝気づき〟の源《みなもと》となるなら、日本崩壊が止まるかもしれない。私が、日本保守党に期待する所以《ゆえん》はそこにある。

令和の「神風」● 松木國俊（国際歴史論戦研究所上席研究員）

待ちに待った本物の保守党がいよいよ発進する。私はこれを断固支持したい。

国政を担《にな》う自民党は、安倍元首相という柱を失って以来、「烏合《うごう》の衆」と化し、舵《かじ》を失った日本は大国間の覇権争いに翻弄《ほんろう》されるばかりである。

迫り来る中国・北朝鮮の軍事的脅威を前にして、一刻も早く憲法を改正して自衛隊を国軍とし、ＮＡＴＯのような集団防衛体制への加盟が可能な「普通の国」に脱皮しなければ、もはや日本を守れないことは誰の目にも明らかだろう。

だが、内部に親中派を大量に抱える自民党は、中国の走狗《そうく》に成り下がった反日野党や宗教政党の顔色を窺《うかが》うばかりで、憲法改正の議論は遅々として進まない。

一方で、日本経済の成長も停滞し、ＧＤＰはドイツにもインドにも抜かれるところまで来てしまった。民族の将来がかかった少子化問題も深刻である。だが、自民党には国力衰退への危機感は微塵《みじん》も感じられず、相変わらず政局ばかりに明け暮れている。

何よりも日本の文化伝統に背《そむ》き、家族の崩壊を招く「LGBT理解増進法」を党内の少数のみの賛成で成立させるに至っては、日本民族への「背信行為」と断じざるを得ない。

これ以上、同党に日本を任せていれば日本は終わる。悶々《もんもん》とした日々を過ごしてきた私にとって、「日本保守党」の出現はまさに「神風」であった。

ネット上から発したその旋風は、いまや日本列島全体を席巻《せっけん》しつつある。純粋に国を憂《うれ》えるこの党の主張は明確であり、一点の曇《くも》りもない。迷いの道を行く多くの国民がそこに希望を見出《みいだ》し、街頭演説に大挙して集まるのは当然であろう。これこそが国を動かす大きな力となるに違いない。

百田氏の仕事を何度か手伝った私は、同氏の人柄に直《じか》に触れる機会を得ている。強面《こわもて》の印象とは裏腹に、素顔の同氏は全く高ぶることのない極めて誠実な人物である。この一途《いちず》に国を愛する人の「やむにやまれぬ」気持ちが「神風」を起こしたのだ。それは必ずやこの国を亡国の淵《ふち》から救うだろう。私もこれから全力で応援するつもりである。

美しくて幸せな未来を ● 井川意高（実業家）

「LGBT法案が成立したら新党を立ち上げる」と百田先生が言い出したときには、半信

半疑だった。

実際に法案が通ってしまい、先生はどうするのかと固唾《かたず》を呑んでいたら、本当に「日本保守党」を立ち上げてしまった。それも、あの有本香さんと二人三脚で。最強タッグだ。

それを知ったときは、まさに欣喜雀躍《きんきじやくやく》、三日ほど躁《そう》状態になってしまった。数十分おきにXでの日本保守党のフォロワー数をチェックして、その増加ぶりを確認せずにはおれなかったし、数分おきに日本保守党応援のポストをしてしまったほどだ。

あっという間に自民党のフォロワー数を超えて、現在（二〇二四年一月）では三十三万人を超えている。党員数も五万人を優に超えてしまった。

正直、当初は保守層とネットの相性はどんなものだろう、ネット主体で支持は拡がるのだろうかという疑念もあった。「保守＝高齢者＝ネットが不得手」という思い込みがあったからだ。

しかし、そんな懸念は無用だったようだ。

二〇二三年十月十七日の結党の集いで目にした参加者は、三十代の方々もいれば、四十代で小さなお子さんを連れたご夫妻も何組もいらっしゃった。

もちろん、五十代、六十代と見受けられる方々も。女性も各年代多数おられた。

みんな、自分のためだけではなく、自分たちの子供や孫の世代を待ち受ける日本の将来を案じて、日本保守党に期待をかけてくださった人たちなのだ。

国会のみならず最高裁も血迷ったかと思うほどのＬＧＢＴ関連の出鱈目《でたらめ》、自民党によるなりふり構わぬ利権誘導政治、左翼市民運動家による露骨な公金着服。右を向いても左を見ても、箍《たが》が外れた「今だけ、金だけ、自分だけ」ぶりには、目を覆《おお》いたくなる。

そんな嘆《なげ》かわしい現状ではあるが、それをよしとしない日本人だって残っていたのだ。日本の伝統と文化を敬い、長い歴史のなかで日本人が育てた価値観、社会の在り方を尊ぶ、そういう国民が築く美しくて幸せな未来を子や孫につないでやりたいと願う人々が応援する政党。

それが日本保守党なのだ。

あえて、すべてを背負って ● 金　美齢（評論家）

日本保守党の立ち上げは、コロナ禍に加え、安倍総理暗殺で、どんより暗い雰囲気が世の中を覆《おお》っていたなかで、明るいニュースです。
しかも立ち上げたのが、百田さんと、私も昔から親しい有本さんだというのですから、

心強い。

一方、どれほどの国民が日本保守党についてくるのか、心配もありました。

いまの堕落《だらく》した日本人が、どれほど呼応するのか――日本の未来を占う試金石《しきんせき》になると思っていたら、すでに五万人を超える党員が集まったと聞いて、「まだ日本を憂《うれ》う人がこれだけいたのか」と安心しました。

いまの日本に対する二人の苛立《いらだ》ちが私にはよくわかります。

日本は総合点では世界一の国なのに、安倍晋三亡きあと、やるべきことをやっていないという不満が私たちにはある。

戦後、日本を再建していくなかで、自民党の貢献が大きかったことは否定しません。しかし、岸田総理はじめ、いまの日本の政治家にはリーダーとしての存在感が感じられない。

国を率いるリーダーたるもの、やはり光り輝いていなくてはだめです。安倍晋三は、批判する勢力もいる一方、私のように熱烈に応援する人も大勢いた。

安倍晋三のように、多くの人を引きつける存在感のあるリーダーがいないのは、日本のみならず世界にとって不幸なことです。

いま、世界一金持ちで、世界一強かったアメリカがあの体《てい》たらくで、日本まで勢いを失っては、世界は衰退していくばかり。

そんな状況を憂い、百田さんが意気に感じて立ち上がったことは、本当に立派です。新党に限らず、なにかを立ち上げて活動するというのは、エネルギーも使うし、人も集めなくてはいけません。莫大なおカネもかかります。

百田さんは作家としても成功し、もうこれ以上苦労なんかしなくてもいい立場の人ですが、あえて、すべてを背負って、新党を立ち上げた。

日本保守党が、リーダー不在のいまの日本に、いい刺激をもたらしてくれると信じています。

「やむにやまれぬ大和魂《やまとだましい》」。この言葉を実感しました。

幕末以来の国難から日本を救う ● 平井宏治（経済安全保障アナリスト）

安倍晋三元総理が凶弾に斃《たお》れたあと、選挙互助団体、自由民主党は、党内のリベラル派（左翼）が、中国への忖度《そんたく》が際立つ公明党と組み、岸田政権は、米民主党のバイデン政権と左傾化した政治を行っている。

安倍氏暗殺以降、自由民主党内には保守派をまとめ上げる政治家がいない。安倍元総理が存命中には、有権者から保守政治家と思われていた政治家の多くが、リベラル派に阿《おもね》り、左翼的政策に迎合している。その典型例が、岸田政権が民主主義を否定する強引な手法を使い成立させたLGBT理解増進法の成立劇だ。

この国難に、遂に百田尚樹氏と有本香氏が決起し、日本保守党を結党。減税日本の河村たかし代表と広沢一郎副代表が加わった。

権威主義国家中国は、改革開放路線から規制と統制路線へ方向転換し、米国の覇権を奪い取り、世界秩序を力で変更しようとする意図を隠さなくなった。

経済のグローバル化で、世界各国から世界の工場となった中国に移転した製造機能は、独裁国家に巨大な武器製造能力を与え、民生品のダンピング輸出を引き起こした。西側由来の技術は、軍民融合政策の下《もと》、人民解放軍の兵器近代化に使われ、国家安全保障を脅威に晒《さら》している。製造の空洞化によりわが国の地方経済は疲弊し、賃金は三十年間上がらない。

サイバーセキュリティでは、各国に技術で後《おく》れを取り、懸念国は、わが国の企業や研究機関から機微《きび》情報等を盗み取っている。わが国にはスパイ防止法がなく、「情報特区」と莫迦《ばか》にされている。

学術界では、人民解放軍系の武器開発七大学からの留学生が、日本の大学で軍民両用技術を研究し、帰国後の軍事転用が黙認されている。日本学術会議は、「軍事研究の禁止」を唱え、多くの大学では、研究者に防衛装備庁が募集する研究への応募を内規で禁止する。

当《まさ》にわが国は存亡の危機ともいえる状況にある。これら山積する問題を解決しなければならない。保守派は、世襲やしがらみの既存政党ではこれらの問題を解決できないと絶望している。

「日本を豊かに、強く。」を掲げる日本保守党は、八つの重点政策項目を公表し、これら山積する問題に真正面から取り組む姿勢を旗幟鮮明《きしせんめい》にした。

幕末以来の国難からわが国を救うのは、日本保守党しかない。

習近平、プーチンと渡り合える ● 宮嶋茂樹（報道カメラマン）

自民党にはほんま失望したで。皇室問題でも、LGBT問題にしても、領土問題にしたって、日本に保守本流の政党はないんか！　そんな時、日本保守党が設立。不肖《ふしょう》宮嶋、これは応援せんわけにいかんやろ。

初の大阪街頭演説でも、ものすごい数の聴衆が集まっとった。人が集まりすぎて急遽中止なんて、前代未聞やで。中止の理由が判然とせんが、ともかく大阪政界で「一強」の維新の会からしたら、「選挙区の地図が塗り替わる」と日本保守党のあの人気の高さに戦々恐々やろ。

百田さん、有本さんには、旋風を大阪のみならず日本全国で巻き起こしてもらいたい。

百田さんの『永遠の0《ゼロ》』『海賊とよばれた男』『風の中のマリア』など百田作品はほとんど読ませてもろた。ブレず、世間に媚《こ》びない百田さんの性格そのままの作風が大好きやし、「探偵！ナイトスクープ」は放送当初からのファンや。それこそ、「探偵！ナイトスクープ」ばりに政界の様々な問題を暴いてもらいたいわ。

政界は清濁併《せいだくあわ》せ呑むから、そこは一本気のある百田さんをうまく手なずける有本さんの手腕で乗り切ってくれるやろ。

しかし、日本はいまや百田さんの傑作『カエルの楽園』そのものや。中国、ロシア、北朝鮮の核保有国に加えて、竹島を不法占拠する韓国に囲まれとる日本は、周囲をレバノン、シリア、イラク、エジプトといった敵国に囲まれてきたイスラエルそっくり。にもかかわらず、政治家にも国民にも危機感は希薄や。

不肖宮嶋、二〇〇六年のレバノン紛争を現地取材し、イスラエルの怖さは身に沁《し》みてわかっているつもりやが、イスラエルは安全保障と国民の安全には絶対に妥協しない。国連が何と言おうと、国際世論がどうだろうと突っ走ってきた。

一方で、日本は妥協に妥協を重ね領土はどんどん削られとるやないか。このままでは尖閣も早晩、中国に取られるで。その点では、イスラエルを見習うてほしい。

岸田政権のどこの誰にもいい顔をするような政策は、世界では通用せえへん。日本保守党には、「一億人の日本人を救うためなら、一千万人を犠牲にしてでも」という覚悟をもった政党になってもらいたいんや。

願わくば、百田さん本人に出馬してもらいたい。習近平、プーチン、トランプあたりと渡り合えるのは百田さんぐらいしかおらんやろ（笑）。

日本保守党、不肖宮嶋、大いに期待してまっせえ。

歴史の日から、ともに歩む ● 石平（評論家）

日本国はいま、国家存亡の危機にある。

東シナ海の向こうでは、共産国家の中国が独裁者・習近平の下《もと》で軍拡の道を突き進んでいる。彼らは台湾侵攻の準備にとりかかる一方、虎視《こし》眈々《たんたん》と日本固有の領土である尖閣諸島や南シナ海の島々を狙う。ある日突然、戦火が平和なウクライナに降りかかってきたのと同様、中華帝国からの脅威は日々、日本に迫ってきている。白村江《はくすきのえ》の戦いから一千三百数十年、日本は再び、中国大陸の脅威にさらされて存続の危機に立たされている。

危機は国内にもある。終戦から七十八年間、ＧＨＱが押し付けた「平和憲法」は、依然として日本国民の手足を縛り、民族の自衛本能までをも押さえつけている。それに対し、「改憲」を党是に掲げて結党したはずの自由民主党は、その果たすべき目標に向かって一歩も前進していない。

一方、戦後から蔓延《まんえん》し続けている「リベラル思想」と「左翼教育」は日本人から民族の誇りと国家観を奪い、日本人の伝統的価値観と日本人の精神的基盤を破壊した。いまや一部勢力に至っては、その標的を日本民族団結の核を成す皇室に定め、日本古来の国体を根底から覆《くつがえ》そうとしている。

日本は、外部からの脅威で滅びるのか、内部からの攻撃で破壊されるのかを待つばかりである。

まさにこのような国家と民族の危機の最中、国家と民族を危機から救おうとする一心で、百田尚樹氏と有本香氏という二人の民間人の手によって日本保守党が立ち上げられた。そして、党員募集が開始されてからたちまち五万七千人超（二〇二四年一月現在）の国民がその旗印の下に集《つど》った。

このことは、多くの日本人が日本国の現状に対する危機感を共有していることの証左であると同時に、日本保守党の結党で、わが国の危機打開に一縷《いちる》の光が差してきていることを示している。

だから私は日本保守党を大いに応援したい。正式結党の二〇二三年十月十七日という歴史の日から、日本保守党とともに歩み、日本保守党とともに日本の危機に立ち向かおう！

日本にプライドを

● ロバート・D・エルドリッヂ（政治学博士・元在沖縄米海兵隊基地政務外交部次長）

新しい保守系政党の設立を祝福し、その未来に向けての激励の言葉をお伝えするとともに、スローガンではなく、信念と勇気に基づき行動する必要性を訴えたいと思います。

近年、もしくは戦後一貫して、保守という言葉は「反動的」などネガティブなニュアンスで使われています。ところが、保守の一つの定義である「正常な状態を保つこと」というむしろ正しい理解を聞くと、とても安心する人が多いのではないでしょうか。

ただし、これは改革を望んでいないわけではありません。改善すべきところは透明かつ民主的な議論を経て行う。ただ、しっかりとした国家観、歴史観に基づき行わなければ、異なる価値観や理念に基づく「国際的な迎合主義」というべき、その国に相応《ふさわ》しくない改革になってしまいます。

本来、保守のはずだった与党の自由民主党は、理念や正当性が徐々に失われてきたため、その価値観を代表する新しい真の保守政党の誕生は当然であり、歓迎すべきです。

これまでは、旧民主党が嫌いだから、親中・憲法改正にブレーキをかけている公明党と矛盾だらけの連立政権を組んでいる自民党に仕方なく投票していた人は多いのではないかと思います。しかし、政策や政党を「積極的に支持する」のが民主主義の本来の姿です。日本保守党は、多くの有権者に新たな積極的な選択肢を与えることになり、既存の政党に必要な刺激や緊張感をもたらします。

日本保守党には、もう一つの役割があります。国民に日本の歴史や伝統にプライドを持たせること。プライドがあれば、日本や国際社会が直面している様々な難題を乗り越える自信がつくと思います。

プライド、すなわち愛国心は、国際舞台にも必要であり、世界の常識です。自分の国や先祖に対してリスペクトがあれば、初めて、自国を代表でき、相手を教育できます。世界は日本のことを知らなさすぎる。日本の良いところが知られれば知られるほど、日本の国際的地位は高まります。それを教えてくれる、日本保守党に大いに期待したい。

天性の明るさ ● 須田慎一郎（ジャーナリスト）

二〇二三年十一月のある日、名古屋市内のホテルのミーティンググルームで人を待ってい

ると、河村たかし名古屋市長が入ってきた。

満面の笑みで開口一番、こう言う。「日本保守党を応援してちょうよ」と。

もちろんですよ、と応じてはみたものの、私の待ち人は河村市長ではない。聞いてみると、たまたま通りかかったところ、私がこの部屋にいることを聞いたのだという。相変わらず厚かましい人だな、とは思ってはみたものの、決して嫌な気はしない。むしろこの厚かましさ、気さくさが心地よく感じるくらいだ。

なぜそんなふうに思うのかというと、河村市長のまとっている空気が底抜けに明るいからだろう。はっきり言って、この明るさは突き抜けている。少々の問題発言や行動があっても、多くの名古屋市民が市長を愛してやまない理由はここにあるのではないだろうか。

明るさは、間違いなく人を惹《ひ》きつける。

そうした意味で、日本保守党代表の百田尚樹氏の明るさは河村市長のさらに上を行く。少々失礼な物言いをさせていただくならば、百田氏には落語でいうところのフラがある。このフラとは、「なんとも言えないおかしみ」というような意味あいだ。まさに天性の明るさと言えよう。

翻《ひるがえ》って、いまの日本の政界にこの種の明るさがあるだろうか?

これはあくまでも個人的な感想ではあるが、岸田文雄首相に感じるのは何とも言えない暗さだけだ。まさに暗澹《あんたん》たる暗さだ。いくら岸田首相が「まずは経済だ。なんとしてでも景気を良くする」と力んでみたところで、明るい未来が広がっていく状況をまったくイメージできないのは、何も私だけではあるまい。

それに対して、故安倍晋三元首相は、間違いなく陽の人だった。加えて、周囲をも明るくさせるオーラに包まれた人だった。だからこそ多くの人たちが、故安倍元首相の下《もと》に集ったのだ。

二〇二二年七月のあの暗殺事件以降、政界は暗闇に包まれている。日本保守党には、そんな暗闇に射《さ》す一条の光に是非ともなっていただきたい。

小さなことでも命を懸ける政党 ● 新間 寿（SSPW会長）

いまの岸田総理は、率直に言って期待外れの感が否めません。岸田首相に限らず、たとえば靖國神社に参拝する政治家は毎年極めて少ない。周辺諸国の反対があるからという理由は、私には理解不能です。

自民党の池田勇人《はやと》先生、福田赳夫《たけお》先生、中曽根康弘先生、そして安倍晋三先生などは、私たちのパラオのペリリュー島での遺骨収集活動にご協力いただきました。先祖を、そして祖国のために戦い犠牲になった人たちを大事にしてくれるのは、保守政党しかありません。

日本の保守の精神を取り戻す、あるいは建て直すためにも、日本に真の保守党が必要だと思っています。

もともと百田尚樹さんは大好きな作家でした。『「黄金のバンタム」を破った男』では友人のファイティング原田のことを書いてくれましたし、『永遠の0《ゼロ》』は涙が止まりませんでした。

涙を忘れてしまった日本に、改めて涙をもたらしてくれた百田さんが日本のために立ち上がった。日本保守党が日本の保守の一本の軸になることを期待しています。

僕はアントニオ猪木さんとともに一九八九年にスポーツ平和党を立ち上げましたが、当時、猪木さんにこんなことを言ったことがあります。

「猪木さん。拉致《らち》家族の一人でも二人でもいいから返してもらうよう、北朝鮮と交渉できませんか」

対して、猪木さんはこう言いました。

「新聞、俺はいまチャーチルと同じ立場なんだ」

第二次世界大戦中、イギリスの首相だったチャーチルは敵国ドイツの暗号を解読することに成功。すぐにコベントリーがドイツ軍の空襲の目標であるという情報を暗号解読で摑んだものの、敵に暗号が解読できることを知られたくない。だからコベントリーを犠牲にした――。

「これが政治なんだ」と猪木さんは言う。つまり、大事の前の小事に対応できない、と。

しかし、アントニオ猪木の役割とは、人がやらない、できない、考えないことをやることだったはず。正直、私はガッカリしてしまいました。

政治家ならば、日本国、国民のために命を懸けてやるのが使命。それは小さなことでもいい。たとえば、スポーツ平和党は広島や長崎の被爆者団体協議会に、小さな額ではありますが、ずっと寄付し続けていました。こういう小さなことの持続も、また政治家の仕事です。

小さなことでも、日本のために政治に命を懸ける――日本保守党はその覚悟と気概を持って、真の保守政党として活躍してほしいと願っています。

台風の目となる方法●髙橋洋一（嘉悦大学教授）

日本保守党に、すでに五万七千人超もの党員が集まっています。しかも、自民党のよう

な企業の幽霊党員ではなく、みな自発的に入党している。日本保守党の党費は六千円で、自民党より二千円も高いのにこれだけの党員が集まっているのは、それだけいまの自民党に失望している人が多いということでしょう。

百田さんが日本保守党を立ち上げたときは、正直、驚きました。二〇二三年六月に百田さんが「LGBT法案が成立したら、保守政党を立ち上げます」と宣言してから、私は内心、「いつ百田さんは『やっぱりやめます』と言い出すのだろう」と思っていた。しかし、LGBT法案が成立し、百田さんは有言実行した。

議席が取れるかどうか、日本保守党に対して厳しい見方をする人もいるでしょうが、戦略次第で活路を見出《みいだ》すこともできます。

もし、新興政党が台風の目となるとすれば、いちばんやりやすいのは、地方の首長選に候補者を立て、当選させることです。地方議会の議員ではインパクトが弱いので、狙うは、ある程度規模の大きい自治体の首長です。維新の会も、大阪府市の首長になったことで、どんどん勢いを増していきました。

次にやりやすいのは参院選で、比例で一人くらいは通すことができます。いちばん難しいのが衆院選ですが、スケジュール的には衆院選がもっとも近い。

日本保守党がどういう戦略でいくのかはわかりません。もしかしたら、あえて茨《いばら》の道を進むかもしれない。

百田さんから「髙橋さん、うちから出てや！」と打診されましたが、わが家の家訓で「政治活動したら離婚」と決められているので、絶対に出馬しません（笑）。

ただ、経済政策に関して訊かれれば、「安倍総理だったら、こういうことをやるんじゃないか」とアドバイスすることはできます。

百田さんは公徳心のある人だから、人生の最後に日本の役に立ちたいと思ったのでしょう。私と百田さんは同い年なのですが、あれだけのバイタリティを持っている百田さんには感心しきりです。同い年の友人として、陰ながら「友情応援」していければと思っています。

若い人たちの希望に ● 茂木　誠（予備校講師）

来るべきものが来た。百田尚樹さんと有本香さんの日本保守党立ち上げを聞いて、私はそう思いました。
私も、自民党に投票してきました。国内では左翼リベラル勢力と戦い、中国共産党の脅威に対抗できるのは自民党政権しかない、と単純に考えていたからです。

そうでないことがわかったのは、二〇二〇年のアメリカ大統領選挙でした。あの空前の異様な選挙で誕生したバイデン民主党政権のもとで、アメリカ自体が左翼リベラル化し、メディアやSNSが政権と結託して言論統制を行う、中国顔負けの全体主義国家になりつつあります。

安倍・トランプの蜜月《みつげつ》時代が終わり、二〇二二年七月八日、安倍総理があぁいう不幸な形で亡くなって以後、自民党政権はバイデン民主党に隷従《れいじゅう》、盲従《もうじゅう》するようになりました。

党内の反対を無視してLGBT法案を採決したのは、象徴的な出来事でした。

旗振り役となったエマニュエル駐日大使は、オバマの金庫番として民主党政権の中枢に食い込んだ人物です。広島サミットへのバイデン出席を餌に、これに唯々諾々《いいだくだく》と従った岸田政権には、失望を通り越して、絶望しかありません。

自民党内の保守派は、採決を棄権するのが関の山で、除名覚悟で反対票を投じる者、党を割って出る者は誰もいなかった。

「自民党は死んだ――」

私はやっと気づきました。

LGBT法案への怒りから百田さんたちが日本保守党を立ち上げたことには、大きな意義があるのです。「親米だから保守だ」などという戯《ざ》れ言《ごと》は、もうたくさんなのです。

そして、同じ方向を向いている保守勢力は、足の引っ張り合いはしないで大同団結してほしい。

長年、予備校で教えていますが、いまの若い人たちは政治には全く期待していないのです。白けきっている。そういう若い人たちの希望になってほしい。いまは全く無名の若い人たちのなかから、新しい人材が出てくる。ぜひ、そういう若いリーダーを育ててほしいと強く願います。

歴史を作り得る明るい勝負師 ● 島田洋一（福井県立大学名誉教授）

自民党は安倍首相の遺志を受け継げなかった。安倍氏が存命なら、左翼活動家を利し、女性の保護を危うくし、性観念の未熟な児童にトランスジェンダー・イデオロギーを吹き込むLGBT利権法の類《たぐい》は、間違いなく党内手続きの段階で潰《つぶ》していただろう。
ところが自民党幹部に、体を張ってでも止めようという者は一人もいなかった。
「（岸田政権になって）自民党はリベラル化したのではなく、腰抜け化した」という安倍氏生前の慨嘆《がいたん》は、あまりに見事に実態を言い当てていた。
「こんな法案を通すようでは安倍先生に合わせる顔がない」という高鳥修一議員の嘆きは、

自民党幹部たちの耳には意味不明な外国語のように響くのだろう。あるいは「安倍さんは死んだ。合わせる顔などなくてよい」というところか。

私は二〇二三年九月四日、X（旧ツイッター）に次のように書き記した。

「なぜ百田新党を支持するのかと聞かれる。安倍首相の遺志を継ぐ百田、有本両氏が、欧米左派の猿真似に走る永田町政治に無謀を承知で斬り込むという以上、支持する以外の選択肢はないだろう。もっとスマートなやり方があるという人はそれを実行すればいい。健全な社会には、昭和残俠伝《ざんきょうでん》の精神も必要だ」

悪徳組織に単身乗り込もうとする高倉健に、物陰で待っていた池部良《いけべりょう》が「ご一緒、願います」と静かに肩を寄せる。日本映画史上、屈指の名場面である。

百田尚樹、有本香両氏とも、ことさら悲壮感を漂《ただよ》わせるタイプではないので、面映《おもは》ゆいと笑うが、心中、期するところは大きいと私は感じている。ならば、支持する以外ない。

「保守新党など無理。安倍さんもそう言っていた」とか、「どうせすぐ挫折する」といった論評は中学生や大学教員でもできる。

「答は常にシンプルだ。ただ、そのシンプルな答を揺るぎなく追求することが難しい」

ソ連崩壊を追求し、冷戦を勝利のうちに終わらせたレーガン米大統領の言葉である。百田、有本両氏は「偉大な発信力」で知られたレーガン同様、歴史を作り得る明るい勝負師だと思う。

感動の目覚めと国民の求め ● 我那覇真子（ジャーナリスト）

日本保守党が結党された。記念すべき出来事だと私は思う。単なる一政党の立ち上げとはわけが違う。これは社会現象であり、我々の生きる社会にパラダイムシフトが起きていることの表れだ。

いままで自民党は戦後レジームからの脱却、美しい日本、憲法改正など保守層が聞いて胸の熱くなる言葉を吐いてきた。多くの国民がけなげにもこれを信じていた。しかし、いまや自民党の背信は明らかである。

政治が変わるにはまず国民が変わる必要のあることにいま社会が気づき始めた。左翼は論外、自民党が政権を握っていればなんとか国が保持できる、そんな時代はもう過ぎ去った。

元を辿れば、戦後レジームは日本を戦争へとはめた米国側、言い換えればグローバリストによって作られた。米国民は真珠湾で奇襲されたのではない、奇襲させられたのだ。歴史は繋がっている。我々日本人の戦後レジームからの脱却は、同じグローバリストに今度はターゲットにされている米国民の目覚めとともにもたらされるのだ。各国の運命がお互い同士にかかっている。

多くの国民が命を落とし、そして後遺症に悩むコロナワクチンという名の治験薬、野放《のほう》図《ず》な移民政策、出稼ぎ移民もお隣の韓国をより好むというほどの日本経済の衰退、男女という天与《てんよ》の性別を弄《もてあそ》ぶLGBT理解増進法。リベラル左翼の行う社会の解体は世界の潮流だが、日本ではこれを自民党が進める。そして世界中の愛国者が立ち上がっている。

世界的パラダイムシフトのなか、経済界の王者であったトランプ大統領は、政界でアメリカファーストを唱え果敢に戦っている。米国人たちは「職業政治家でなく民意がわかる人だから国が任せられる」と称《たた》えた。

日本の百田尚樹先生は小説で多くの国民の琴線《きんせん》に触れ、日本人として生まれてよかったと感動の目覚めを世に巻き起こした。日本を代表する小説家が政治の世界に進むのは偶然ではない。世変わりにあって、ごく自然に国民が求める新党の結成に応えているのが日本保守党である。

国難の正体を正しく国民に知らしめ、「日本を豊かに、強く」国民を導いてほしい。日本保守党に期待する。

大メディアの無視は逆にチャンス ● 一色正春（元海上保安官）

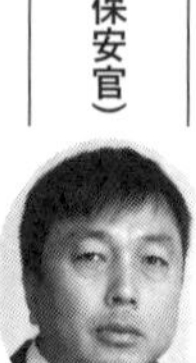

二〇二三年八月末日、花田編集長から入電。随分とご無沙汰していたにもかかわらず、開口一番、「百田新党（仮）を応援する原稿を書いてくれないか」とのお言葉。驚いたのは不偏不党、政治家個人は応援しても特定の政党を応援せず、公平な立場から日本政治を論評してきた花田さんが特集を組んでまで特定政党を推すということと、私が当然に新党を応援すると決めつけていたことです。

私は、百田・有本両氏の人柄や考え方、有本氏との人間関係からも応援しないという選択肢はないとしても、あの花田さんが、いや花田さんだけではなく、多くの親日派言論人が設立してもいない政党をこうも熱心に応援するというのはいままでにない政治の動きというものを肌で感じ、大いに期待を抱かせてくれます。

しかし、昨今の政治状況に鑑《かんが》みれば、そうなるのも頷《うなず》けます。いまに始まったことではありませんが、日本国民の不幸は真面《まとも》な野党がないことで、安倍さんがお亡くなりになってからは野党だけではなく、個々人の政治家はともかく自国の国益を第一に考える政党がなくなってしまいました。それどころか、処理水騒ぎで鮮明になったように、一部野党のなかには他国の利益を優先する政党もある始末です。その一方で、わが国を取り巻く国際情勢は悪化するばかりなのですが、頼みの綱の米国は、あの体《てい》たらく。台湾危機は刻一刻と迫りくる。そんななかでも、LGBTなどの国内問題や政権維持のための権謀術数《けんぼうじゅっすう》に感《かま》ける現政権。「選挙があっても投票先がない」と絶望感に苛《さいな》まれていた我々日本国民にとって、この新党は日本政界を覆《おお》う暗雲のなかに差し込む一筋の光のようなものです。

言い方を変えると、今年（二〇二三年）の夏は例年になく暑かったですが、そんな時に温《ぬる》いビールや、飲んだら腹が痛くなるビール、不味《まず》いビールなどを売る店はあれど、皆が欲するギンギンに冷えた美味《うま》いビールを売る店が一軒もないところに、それを売る店がオープンするとなれば開店前から行列ができるのは必定《ひつじょう》です。

しかし、そんな一般国民の期待とは裏腹に、おそらく大手メディアからは無視に近い扱いを受けるでしょう。だが、それは逆にチャンスでもあります。その逆境のなかで党勢を拡大してこそ、戦前から続くメディアの印象操作による誤った方向への世論誘導を無力化し、わが国の政治を正常化させる第一歩となります。

とはいえ、お二人だけにその重責を背負わせるわけにはいきません。我々国民も是々非々で、新党のためにではなく日本のために応援していきたいものです。

どこまでもついて行きます ● 村西とおる（AV監督）

「国のために戦いますか？」の問いに、「一三パーセント」しか「ハイ」と答えなかった現在のわが日本の現実。名誉やお金はもう要《い》らない、孫や子のためにこのままでは死んでも死にきれないと屹立《きつりつ》したのが、極太《ごくぶと》アナコンダの持ち主と知られる日本保守党・百田尚樹代表と、北関東一の「名器のしらべ」有本香事務総長でございます。

もはやこのお二人は、夢グループの熟年コンビを凌《しの》いで日本で最も人気と注目を集めるカップルですが、ただ一つ不満が。謙虚なこと。「いずれ五年後は次代を継ぐ人たちにバトンタッチを」などと控え目なことを。納得できません。「五年後」などでは命が尽きてしまうのです。

大衆は明日の夢を喰うバクではありません。過不足ない今日の飯にありつくことを求める現実主義の生活者です。「志《こころざし》」あれば山は動き、海は割れます。かつてテレビの世帯普及に十数年を要しましたが、普及沸騰点といわれる二五パーセント超えとなったら、「一〇〇パーセント」はアッという間に二年を待たずして達成しました。ビデオレンタル店も、二年を経ずして全国に二万店を網羅したのです。

斯《か》くして、新参の日本保守党がキャスティングボートを握る、は「一寸先は闇」の政治の世界のリアリズムです。及ばずながらも、このエロ事師「どこまでもついて行きます下駄の雪」で、贔屓《ひいき》の引き倒しと誹《そし》られようと、力の限り応援させていただきたく存じます。

百田代表は元テレビマンで、数字が全て。面白くなくては、楽しくなくては、どんな有難いご高説でも民草《たみくさ》は耳を傾けないとご承知です。

然《さ》りとて、河村たかし共同代表就任は笑えません。「遊びにおいでよ」と誘ったら、本気モードで押しかけドンチャン騒ぎ、奥方を寝室にまで誘《いざな》うがごときに見えるのです。都落ちした身では「最高顧問でいい」、と何故《なにゆえ》、名古屋市長は申されなかったのか。「無限の可能性を秘めた白いキャンバスに〝日本の希望〟の絵を描くのだから、自分みたいな染《し》みは遠慮する」と。

「決起」あるいは「挙兵」● 居島《おりしま》一平（芸人）

思えば、「真相深入り！虎ノ門ニュース」で、百田尚樹さんとご縁を得て以来八年。あっという間のようで、やはり決して短くはない歳月です。このたびの日本保守党結党に至る

報道を拝見するにつけ、ご胸中を勝手に忖度《そんたく》すれば〝遙《はる》けくも来《き》つるものかな〟の念ではないでしょうか？

ついさらりと結党と書きましたが、正直この表現では軽過ぎる。私個人は今回の旗揚げが持つ熱のニュアンスとして、「決起」あるいは「挙兵」に近いものと受け止めました。甚《はなは》だ不穏当な連想かもしれませんが、もはや大塩平八郎《おおしおへいはちろう》とか幕末の天誅組《てんちゅうぐみ》、明治初期の神風連《しんぷうれん》やひいては三島由紀夫の行動をまで〝貫く棒の如き〟何か、としか言えません。

こう申しては早くも熱烈な支持者の方々から、せっかく華々しく出発してそうそう縁起でもないと、厳しく叱責《しっせき》されるのが当然でしょう。たしかに動機はともかく、いずれも武力行使に訴えて体制変革やクーデターを目指し、無念の敗北に終わった事例ばかりですから。そもそも全て正規の手順手続きを踏んで誕生した、合法政党たる日本保守党とは比較にならない。

しかし現状への渾身《こんしん》の違和感と全力の異議申し立て、そしてなし崩しに溶解する価値観に対する義侠心《ぎきょうしん》といった精神において、明らかに通底すると断言して憚《はばか》る必要はないと思います。

したり顔で「日本は終わってる」風に語る輩《やから》を蹴散らして、あくまでも〝面白き こともなき世を 面白く〟するためには避けて通れぬ選挙戦が控えますが、某党代表のように五年で政権奪取、とまでは百田さんはじめ首脳陣の皆様もお考えではないはず。腰を据《す》えた、真の理念政党へと発展躍進を祈ってやみません。

我々芸人は所詮《しょせん》、野次馬です。わざわざ飛び込む義務のない火中の栗の鷲掴《わしづか》みに挑み、政治という修羅《しゅら》の道を歩まれる百田さんと日本保守党のこれからに、謹《つつし》んで最敬礼を。

真正面から「核武装」の議論を ● 長谷川幸洋（ジャーナリスト）

日本保守党が注目を集めている。私はYouTubeで見ただけだが、名古屋駅前や東京の秋葉原《あきはばら》、新橋駅前で開いた演説会には、安倍晋三元首相の演説を思い出させるような群衆でいっぱいになった。党員も五万人を突破したという。

私は百田尚樹氏や有本香氏から直接、党の話をうかがったことはないが、月刊『Hanada』二〇二三年十二月号に掲載された有本氏の原稿を拝読した限り、「日本保守党、結構じゃないか」と思った。「8つの題目、37項目」の政策は、いずれも賛成である。

私は政治を傍《はた》から見て、ときどき、あれこれと論評する傍観者にすぎない。そうであるがゆえに、私は基本的に「政治は、まず政策で評価したい」と思っている。当たり前と思われるかもしれないが、実はこれが案外、難しい。相手の政治家がよく知っている人間であれば、なおさらだ。つい、情が移ってしまって、目が曇るのである。

百田氏や有本氏は「濃いキャラクター」の持ち主である。だからこそ、人気があって、話も面白い。私も、百田氏のYouTube番組はお気に入りの一つだ。しかし、それがまた、同じ保守層であっても、一部で反発を招いているのも事実である。

かつて、故渡辺美智雄《みちお》氏は「自民党は『好きだ嫌いだ、コンチクショー』の政党だ」と語って、息子の渡辺喜美《よしみ》氏にそうならないように戒《いまし》めたという。それが、政策本位で日本の改革を掲げた「みんなの党」の創設につながった。私もそのとおりと思う。

だからこそ、私は「好きだ嫌いだ、コンチクショー」は横に置いて、まずは彼らを遠くから応援したい。美智雄氏が喝破《かっぱ》した自民党のような政党になってもらいたくない。

一点だけ注文を付けるなら、ぜひ「日本の核武装」について、真正面から議論してほしい。先の政策集に入っていなかったのは残念だが、いずれ取り上げてもらえるだろうと期待している。

国会に嵐のような旋風を ● 長尾たかし（前衆議院議員）

これからも自民党で政治活動を継続する立場の者として、日本保守党に心からの期待の

メッセージを送らせていただきます。

たとえば、憲法改正がなぜこれだけ進まないのか。自民党公明党の連立政権のなかで、常に議論にブレーキをかける公明党、それを認める自民党の責任です。本来であれば、自民党から公明党に物申し説得するべきところ、選挙協力という「肝《きも》」を握られていることにより、政策で公明党に妥協する自公政権が今日も続いています。

もはや、日本維新の会、国民民主党、参政党等の野党における憲法改正勢力の拡大が不可欠と叫ばれていたところに、日本保守党が誕生してくれたのです。

記者会見で有本香事務総長は「粗製濫造《そせいらんぞう》に走らない」とおっしゃり、地道に党員を増やしていくことにより、意思ある有権者を育て、そこから人材を発掘していくと述べられていました。国政に打って出るための順序としては、確実に段階を積み重ねていくという点で、かつてない政党文化を持った政党が誕生したと思います。

日本保守党の重点政策項目の全てに賛同いたします。そして、これを党派が違えども国会で如何《いか》に実現していくかを大同団結できるパートナーであってくれることを確信しています。尤《もつと》も、いまの自民党がそれに足り得る状況にあるかどうかは別問題ですが……。

次の解散総選挙で政権交代が起きる可能性は、現実的には極めて低い。野党側候補者の数が、現時点、全野党を合計しても揃っていないからです。しかし五年後、十年後はわか

りません。どのタイミングで、日本保守党が候補者を擁立してくれるのかに注目していま
す。

もしかすると、選挙では敵対関係になるかもしれません。しかし、志《こころざし》を同じくする政党、それぞれの陣営が政策を有権者に語り、選挙でしのぎを削り、選挙後、送り出された国会という本舞台で党派を超えて政策を確実に実行していく。これがまさに「王道」です。そんな国会審議に私もかかわりたいと思っています。

いまの国会には、国家観、歴史観、哲学を共有した保守的議論が劣勢に置かれています。そこに嵐のような旋風を巻き起こしていただきたい。

ともに頑張りましょう。

国をあるべき形に導く鉄の意志 ● 小笠原理恵（国防ジャーナリスト）

「日本保守党」への国民の期待が高まっている。二〇二三年九月三十日に党員登録をスタートさせたが、三週間あまりで五万人を超え、現在もその数を増やし続けているという。X（旧ツイッター）のフォロワー数は三十三万人。二十五万人あまりの自民党を遥かに超え、政党では第一位のフォロワー数だ。

なぜ、そこまで人気があるのか。

安倍晋三元総理を銃撃テロで失い、保守は精神的な支柱を失った。保守本流政治を誰かが力強く導いてほしいと切望していたからではないか。

すでに人気作家として知名度の高い百田尚樹氏が、文壇を超えて政治の世界に立ち上がったことには私も驚いている。だが、日本保守党は間違いなく、膠着《こうちゃく》した日本の政治の新しい潮流となるに違いない。

私は、有本香氏と百田尚樹氏の「ニュース朝8時」に自衛隊の待遇問題を説明するために出演したことがある。戦後長く、予算をGDP一パーセント枠で抑えられ、それでも正面装備を備えるために、自衛隊員の生活面が犠牲になってきた。

昭和のバランス釜のある老朽化した官舎、ししゃも二尾の食事、数十年の汗や涎《よだれ》でダニの温床となったベッドマットレスと枕……番組では、国防を担《にな》う自衛隊員の生活の劣悪さを訴えた。

「この問題は引き続き取り上げていく」と有本氏は約束してくれた。

中国による台湾への軍事侵攻が目の前だ。自衛隊は必要な弾薬、燃料、医療等を訓練用に持っているが、軍事侵攻に対して継続して戦う備蓄はない。

それだけではない。「国土・領空・領海を守る継戦能力」向上はお金で買えるモノだけでは足りない。練度《れんど》の高い自衛隊員が充足していなければ戦えないのだ。自衛隊員の中途退職を止めるためにも、自衛隊の生活や待遇、賃金を根底から変える必要がある。

戦後、長らく放置されてきた「戦わない自衛隊」を「戦える自衛隊」に変える新しい力がいまこそ必要だ。そのために、この国をあるべき形に導く鉄の意志を、日本保守党に貫いていただきたい。決して再び、日本を焦土《しょうど》にしてはならない。

国難を乗り切る不沈空母に ● 奈良林直《ただし》（北海道大学名誉教授）

二〇二三年十月十七日に作家の百田尚樹氏が代表の日本保守党を設立し、憲法改正や、日本を豊かに、強くするとし、岩盤保守勢力の拍手喝采《かっさい》を浴びている。

一方、岸田政権は、岩盤保守層の拒否感が強いLGBT法案の拙速成立で評価を落とし、次いで「増税メガネ」と批判されるや、思いつきのような減税案、給付金の乱発に走り、選挙目当てであることを見透《みす》かされて、国民の支持率を大きく落としてしまった。

基本戦略のない大衆迎合の政策は完全に裏目に出た。さらに大きな追い打ちを掛けたのが、自民党の最大派閥安倍派（清和会《せいわかい》）のパーティー券の裏金問題である。

もし、政権が持たなくなって衆議院選挙に縺《もつ》れ込めば、自民党の支持層が野党に流れることになり、それこそ、安倍政権以来の目的である憲法改正も夢と消える。

国際的な視野に立って見れば、ロシアのウクライナ侵略は長期戦となってウクライナの反転攻勢の失敗、ロシアの優勢が伝えられている。そんななか、大規模テロに端を発したイスラエル軍との戦闘により、中東諸国の政治情勢が極めて不安定になっている。

米国は、ウクライナとイスラエル支援の二正面作戦を余儀なくされ、北朝鮮とロシアの繋がりが強化、北朝鮮は核ミサイルの先制攻撃も辞さないと金正恩《キムジョンウン》が明言、中国共産党の習近平国家主席も台湾併合を明言している。

米国が三正面作戦を強《し》いられ、核戦争にでもなれば、わが国存亡の危機にもなる。パーティー券裏金問題などでの国政の中断は、何としても避けなければならない。

そこで百田尚樹氏の新党、日本保守党が日本の岩盤保守層から無党派層全ての受け皿となり、この国難を乗り切る不沈空母の司令塔になってほしい。

期待の高まりは自然の道理 ● 潮 匡人（評論家）

岸田文雄政権の支持率低下が止まらない。もはや政権末期の様相を呈している。なかでも経済政策に対する批判や疑問が根強い。

ならば、肝心の安全保障政策はどうか。評価は立場で分かれよう。たとえば、朝日新聞がいまだに「敵基地攻撃能力」と呼んで批判する「反撃能力」の整備にも着手した。「防衛費倍増」へも舵《かじ》を切った。いずれも安倍晋三政権ですら果たせなかった政策課題であり、率直に評価したい。

ただ仔細《しさい》に検証すると、疑問も否めない。防衛費が膨らんだのも、陸上配備型「イージス・アショア」を〝断念〟した経緯が大きく影響している（「文藝春秋オピニオン2024年の論点100」拙稿参照）。

中東情勢を巡る外交姿勢もいただけない。官民挙げて「バランス外交」を唱えるが、本当にそれでいいのか。外交に必要なのはバランスではなく、価値観ではないだろうか。

最大のターニング・ポイントは「LGBT法」成立だった。詳しくは、拙著最新刊『台湾有事の衝撃　そのとき、日本の「戦後」が終わる』（秀和システム）に委《ゆだ》ねるが、「人間も国家も、ひとたび垂直軸を見失えば、もはや戦えない」。いくら防衛費を倍増しても、そこに、命をかけてでも守るべき価値がなければ、自衛官は戦えない。

日本保守党は、「重点政策項目」に「LGBT理解増進法の改正」を掲げる。外交分野でも「価値観外交」を謳《うた》う。歴史伝統に根ざし、永遠に伸びていく垂直軸を守るべき保守派の期待が高まるのは自然の道理であろう。

百田尚樹さんの初志を信ず ● 上島嘉郎（ジャーナリスト）

「かくすれば　かくなるものと知りながら　やむにやまれぬ大和魂《やまとだましい》」
吉田松陰《しょういん》が米国への密航を企《くわだ》てた罪で、下田から江戸の獄に送られるときに詠《よ》んだ歌だ。
百田尚樹さんの思いも同じであろう。国政に参画する、ミリオンセラー作家として議員をめざすとなれば、故石原慎太郎氏以来である。百田さんは今後も筆を執《と》り続けるだろう。文学と政治という「対極の河」を歩む困難を、時に石原氏の身近にあって垣間見《かいまみ》た私としては、正直、その決断の先を思い複雑なものがある。

安倍晋三元総理が健在の頃、百田さんとの対談で「私が勝手に思っていることなんですが、百田さんが書かれる小説のひとつのテーマには〝他者のために自分の人生を捧げる〟ということがあるのではないでしょうか」と尋ねたのに、「総理のおっしゃるとおりで、日本人はそういう生き方をずっとしてきた民族だと私は思っています。いまもすべての日本人の心の底に眠っている。そういう生き方を思い出してほしいと願って書いています」と百田さんは答えた。

日本人が大切にし、営々と守ろうとしてきたものは何か。父祖たちの遺志は那辺《なへん》にあるか。歴史の総体としての日本を守る。私は、これが我が国の政治の根幹になくてどうするのかと思っている。具体的な政策論はそのあとでよい。一個の人間の行為にせよ、あるいは国家の戦略にせよ、最終的に「心」のあり方に帰着する。その心は、今日のグローバリズムや、外界の価値観に主導された普遍主義にあるのではなく、我らの先祖の歩みのなかにある。そして、それを感じつつ生きることが「保守」なのだ。

自民党は結党の理念を置き去りにそれを際限なく希薄化させ、野党の多くにはそもそもない。日本が溶解してゆくなかで、百田新党の掲げた旗は「日本を取り戻す」心のあり方を、その芯棒《しんぼう》を打ち立てようとするものだ。我が身は枯れ木に過ぎず、山の賑《にぎ》わいにもならないが、百田さんの初志を信ずる。

あとがき

二〇二三年の暮れも押し詰まった十二月二十六日、山のように仕事を抱え、本書の初校締め切りにも追われている時だった。いつものように朝のネット番組『ニュース生放送あさ8時！』を終えると、これまたいつものように百田さんが「昼めし行こか～」とのんびり声をかけてきた。

近所の馴染《なじ》みのレストランへ歩きながら、百田さんが「今夜な、井上（尚弥《なおや》）の試合やねん」と話し出した。ボクシングとクラシック音楽のこととなると、私が聞いていようがいまいが、お構いなしに話し続けるのもいつものこと。途中、私が「じゃ今夜も東京泊ですか。それなら明日も『あさ8』に出られますね」と遮《さえぎ》ったところで少しの変化が起きた。

「ごめん。明日はな、朝一番の新幹線で帰らなあかんねん」

いつもと微妙に違う調子のように聞こえ、軽い胸騒ぎがした。

「朝イチって何があるんですか」

「うん、病院行くんや」

「病院？　こんな暮れに？　何か、検査ですか？」

「うん。そう検査や。僕な……、ガンかもしれん」

「え？」と驚きつつも、声の明るさに、またいつもの冗談かと思い直し、

「その割には元気すぎますよ（笑）」と返答した。そのまま私が、

「でもね百田さん、身体には気を付けたほうがいいですよ……」

と説教じみたことを言うと、いつもと微妙に違う声音《こわね》で否定された。

「あのなあ、他人の身体のこと、そんなふうにとやかく言うもんやないで」

＊

その後はいつもどおりにランチをご一緒し、雑談や冗談を言い合いながら、日本保守党や「あさ8」について打合せをし、年末のあいさつをして別れた。

「今年も一年、ありがとう。ホント、有本さんの超人的な頑張りのお蔭で、日本保守党がええスタート切れてよかった。本当にありがとうやで！」

ああ見えて百田さんは「お礼上手」だ。「ありがとうやで」という言い方もいつもどおり。私も「今年もありがとうございました。よいお年を」と返し、車を見送った。

本当に忙しい一年だった——。

でも、百田さんと手弁当で始めた「あさ8」を何とか軌道に乗せ、六月に降ってわいた

「新党立ち上げ」も、三ヵ月で五万八千人近い党員と、河村たかしさんという強力な味方を得た。

我ながらよくやったと言えるかも。お正月はゆっくりしよう。こう思った。

＊

大異変が起きたのはその翌晩のことである。

私のスマホに通知が来た。百田さんの YouTube ライブが始まる通知だ。百田さんのライブはご本人の気が向いたときに始まるため「気まぐれライブ」と通称されている。

ああ、またかと思いながら、そのサムネイルを見て一瞬、凍りついた。

「悲報ライブ『２０２３年12月27日、百田尚樹、ガン宣告を受ける（本当です）』」

「ガンになりました。ガーン」というダジャレなど言いながら、ライブはいつもどおり面白おかしく終わった。終わるのを見届け、百田さんに電話をした。

「大丈夫ですか。なぜもっと早く……」というと、少しキツイ声が返ってきた。

「他人の身体についてとやかく言ってはダメと言ったやろ」

たしかに、百田さんの身体について私がとやかく言うべきではない。しかし、と思い直し、できるだけ静かな声で言った。

「当分、まず手術まではお身体優先、治療優先で過ごしてください。日本保守党の六万人近い党員の皆さんも、元気になられるのを待っていますから」

「うん、そうやな。ワシ、六万近い団体の代表やったわ」

「まさか、忘れてませんよね?!」

「アハハ。忘れるわけないやろ」

いつもどおり、最後は笑いで終わる会話だった。だが、局面は大きく変わった。

百田さんとの仕事ではこれまでもジェットコースターに乗っているような場面があった。日本国紀シリーズ、あさ8……。その中でも今回は超弩級《ちょうどきゅう》である。百田さんの手術は成功するに決まっているが、それでもしばらく無理は禁物だ。さて、生まれたての保守党をどうするか。

考えを巡らしていたら、電話が鳴った。河村たかしさんだった。

「もーしもーし。河村です」といつもの一声。その後、百田さんの様子を尋ねこう言った。

「ワシが電話するのも何なんで、有本さんから伝えてちょう」

一拍おいて河村さんは言った。

「少しゅっくりしていたでゃーて、治ったらまた『面白おかしく』やろう、と。百田さんはきっと治ると思う、と」

さり気ないが、とても考えられた、いいメッセージだと思った。

さっそく百田さんに伝えると、こう返信がきた。

「めちゃくちゃ嬉しいメッセージ。さすが河村さんや。ワシ、もう寝るわな。おやすみー」

どんな状況でもジメジメしない。いつも前向きで、気取らず威張らず、その実、他者への気遣いを忘れない。

ときどき世間を騒がすが、この二人が親分で本当によかった。

日本保守党が、「日本を豊かに、強く」していく場であると同時に、百田尚樹と河村たかしの〝精神〟を継いで、幾多の困難を「面白おかしく」越えていく集団となってほしい。

そう心から思うのである。

令和六年一月

有本　香

党規約と綱領

第1章（名称）
本党は、日本保守党（略称：保守党　英：Conservative Party of Japan）と称する。

第2章（党本部）
党本部を東京都内に置く。

第3章（目的）
本党は、次の基本理念及び綱領に基づき、政治活動を行なう。

1・理念
結党宣言（別紙）に基づき、日本の国民と、領土・領海、国体を守る。日本を豊かに、強くすることにより、国民福祉の向上と世界平和への貢献を企図する。

2・綱領

・日本の国体を守り、伝統文化を継承しながら、日本独自の叡智を現代に活かして協和社会をつくる。

・日本国を守るに相応の国防力の保持、必要な強化、それを達するための日本国憲法改正を含む法整備を図る。

・減税と行政の適正サイズ化によって国民の負担を軽減させ、可処分所得を増やすべく、税と国家財政のあり方の大改革を企図する。

・政治家は、最高の公僕であるという信念に基づき、議員報酬等の処遇を国民の所得水準、国際標準に鑑《かんが》みて不断に見直す。

・本邦内での農林水産業、鉱工業における増産、先端分野への挑戦と投資を促進させ、国民所得の増大を図る。

・価値観外交を強力に推進、進化させることで国益の最大化を図り、世界の平和に貢献する。

第4章（事業）

党の目的を達成するため、次の活動を行う。

1・結党宣言、綱領の実現に向けた政策の立案、発信、共有のための諸活動
2・同志たる党員の募集、各種議会、首長選挙の候補者の公認・推薦
3・別紙（被推薦書）に掲げる公職者の推薦（支持）、その活動の支援
4・講演会や各種行事の開催、印刷物・メールマガジンの発行、動画の配信
5・各種メディアを通じた宣伝活動
6・その他、目的・目標達成に必要な事業

第5章（党員）
1・18歳以上の日本国籍者で、本党の目的・理念・綱領に賛同する者を党員とする。
2・党員は、所定の手続きを経て入会し、党費を収めなければならない。
3・党員の種別等については、別途定める。

第6章（役員）
本党は、次の役員／役職者を置く。

1・代表（President）、（必要に応じて）副代表（Vice President）、事務総長／幹事長（Secretary General）、政調会長、会計責任者、会計職務代行者を置く。

2・代表は、諮問《しもん》委員又は顧問を置くことができる。

3・代表の任期は4年とする。その他の役員は代表が任命する。

4・任期途中で代表が退任した場合は、第8章に定める幹事会で代表を選出する。

第7章（職務分掌）
1・代表は、結党宣言を自らの旨《むね》とし、本党を代表する最高責任者とする。
2・副代表は、代表を補佐する。
3・事務総長／幹事長は、党の運営・事務全般を統括する。

第8章（会議体）
1・党大会（年一回開催／代表が招集し、リモート含め全党員が参加資格を有する）
2・幹事会（随時／事務総長［幹事長］が招集し、代表、副代表、事務総長／幹事長、必要に応じ諮問委員会委員が出席）
3・諮問委員会（随時／党から委嘱《いしょく》を受けた諮問委員）

第9章（収支）

本党の経費は、党費（党員規約に定める）、寄附、その他の収入をもって充《あ》てる。支出に関しては適切に処理し、収支は法令に従って報告する。

第10章（会計年度）

本会の会計年度は、毎年1月1日から12月31日までとする。

付則　本規約は、令和5年9月1日より施行する。規約改正は幹事会が決定する。

（改正）令和5年10月17日（第4章）

【著者略歴】

百田尚樹（ひゃくた・なおき）

日本保守党代表／創設者。
昭和31（1956）年、大阪市生まれ。同志社大学法学部中退。テレビの放送作家として『探偵！ナイトスクープ』等の番組構成を数多く手掛ける。平成18（2006）年、50歳のときに『永遠の0』で作家デビュー。『海賊とよばれた男』で第10回「本屋大賞」を受賞。『永遠の0』が、546万部を突破して歴史的ベストセラーとなったほか、平成24（2012）年から11年連続100万部を記録する超売れっ子作家となる。平成23年頃から、政治論評も手掛け、平成25（2013）年にNHK経営委員に就任すると、その言説がたびたび物議を醸す。国内メディアにとどまらず、中国外務省の報道官や『人民日報』に名指しで批判され、韓国のメディアからも批判された。国内でも、著書の不買運動やイベントでの殺害予告を受ける。平成30（2018）年、日本の通史『日本国紀』を上梓。同書の編集者である有本香氏とともに、日本の歴史教育の問題点、教育行政の問題点、歴史問題での国益逸失について問題提起をする。令和5（2023）年9月、有本氏とともに「日本保守党」を結党。

有本香（ありもと・かおり）

日本保守党事務総長。
昭和37（1962）年、奈良市生まれ。静岡県西伊豆育ち。東京外国語大学卒業。旅行雑誌編集長、上場企業のIR等を経て独立。編集制作会社を経営する傍ら、世界中を取材し、国内外の政治について、新聞、雑誌、インターネット、テレビ、ラジオ等のメディアで発信をしている。2000年代初頭からチベット、ウイグル等の中国における民族問題に注力しているほか、安倍晋三元総理をはじめとする有力政治家へのインタビューも多く手掛けている。国土交通省政策懇談会委員、内閣府死因究明等推進会議委員、大阪府人事監察委員を務める。令和4（2022）年に紺綬褒章を受章。著書には、『中国はチベットからパンダを盗んだ』『小池劇場の真実』などがあるが、平成30（2018）年には、百田尚樹氏が著した日本の通史『日本国紀』の編集者を務める。これを機に、百田氏とともに、日本の歴史教育、教育行政の問題点や、歴史問題での日本の国益逸失について問題提起をするようになる。令和4年、百田氏とともにネット生放送番組「ニュース生放送　あさ8時！」（月～金）を立ち上げ、令和5（2023）年9月に、「日本保守党」を結党。

※本書は月刊『Hanada』2020年1月号〜2024年2月号に掲載された論文、対談記事を編集し、大幅に加筆・修正したものです。

日本保守党 日本を豊かに、強く。

2024年1月31日 第1刷発行
2024年2月25日 第3刷発行

著　　者 百田尚樹　有本香
発 行 者 花田紀凱
発 行 所 株式会社　飛鳥新社
〒101-0003　東京都千代田区一ツ橋2-4-3　光文恒産ビル2F
電話　03-3263-7770（営業）　03-3263-5726（編集）
https://www.asukashinsha.co.jp
装　　幀 DOT・STUDIO
印刷・製本 中央精版印刷株式会社
カバー写真（著者）日本保守党
カバー写真（日の丸）Getty Images

ISBN 978-4-86410-991-8

編集担当 沼尻裕兵